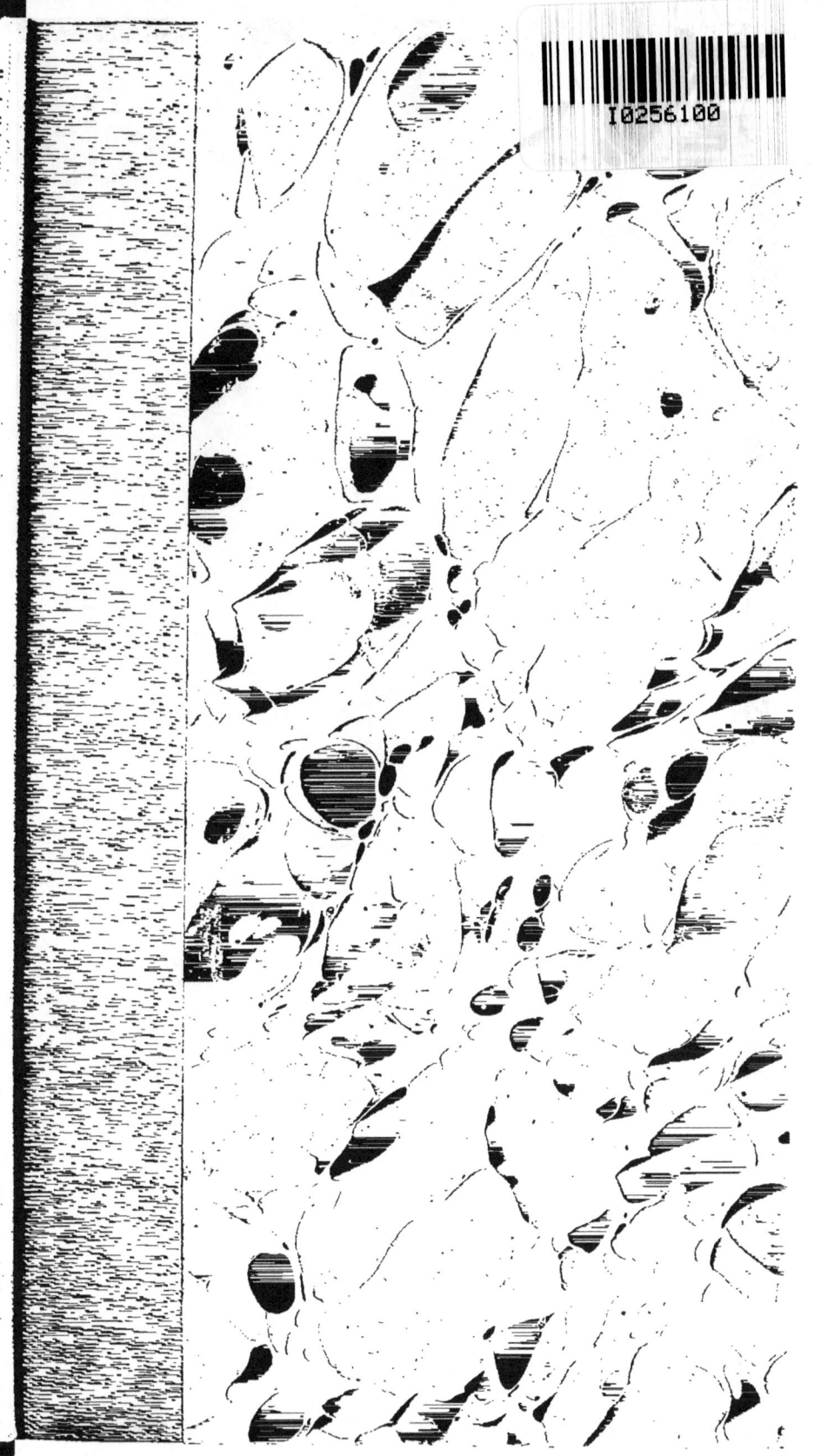

LAURENCE

U 921

EX BIBLIOTHECA SEMINARII SANCTI SULPITII PARISIENSIS
SIG. S·S·S·

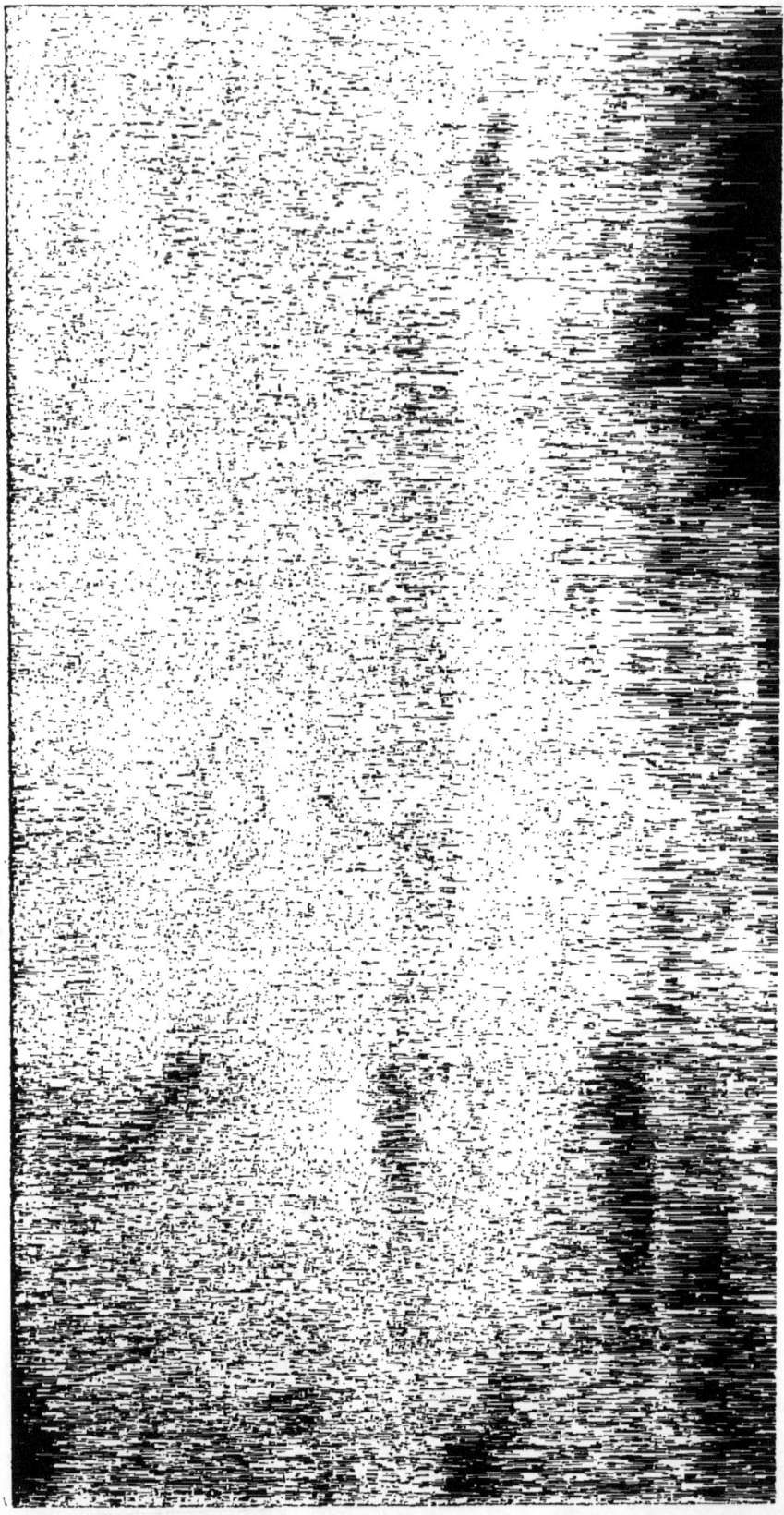

PIECES
INTÉRESSANTES
ET
PEU CONNUES.

PIÈCES
INTÉRESSANTES
ET
PEU CONNUES,
POUR SERVIR
À L'HISTOIRE,
OU
MÉMORIAL DE M. DUCLOS,
Historiographe de France.

NOUVELLE ÉDITION AUGMENTÉE.

A MAESTRICHT,
Chez J. E. DUFOUR & PHIL. ROUX,
Imprimeurs-Libraires associés.

M. DCC. LXXXI.

TABLE

DES MATIERES.

Lettres originales de J. B. Rousseau & du Comte de Bonneval, depuis le 27 Novembre 1723, jusqu'au 18 Novembre 1725, relativement à l'affaire qui a forcé le Comte de Bonneval de se réfugier en Turquie.

Avis de l'Editeur, page 1
Lettre de *J. B. Rousseau*, *à M. le Comte D****, 3
——— *au même*, 6
——— *au même*, 9
——— *au même*, 11
——— *au même*, 15
Lettre de *M. le Comte de Bonneval, à M. le Comte D****, 20
Déclaration publique de M. le Comte de Bonneval, au sujet des calomnies répandues contre la Reine d'Espagne, 25
Lettre de *J. B. Rousseau, à M. le Comte D****, 27

TABLE

Copie d'une Lettre du Comte de Bonneval, à M. le Marquis D***, 32

Lettre de M. L. C. du L. à M. Milain, premier Secretaire & Intendant de Monseigneur le Duc de Bourbon, premier Ministre. 36

Lettre du Comte de Bonneval, à M. le Comte D***, 39

Lettre de J. B. Rousseau, au Comte D***, 41

——— *du même, au même,* 42

Lettre du Comte de Bonneval, à M. le Comte D***, 46

Lettre de J. B. Rousseau, au Comte D***, 48

——— *du même, au même,* 50

Lettre de Madame la Comtesse de Bonneval, à M. le Comte D***, 54

Lettre de J. B. Rousseau, au Comte D***, 55

Lettre du Bacha Comte de Bonneval, à son frere le Marquis, 61

Extrait du Mémorial ou du Recueil d'Anecdotes de M. Duc... S. P. de l'A. F. & H de F., 80

Extrait des Manuscrits de M. Colbert, 144

Lettres du Cardinal de Fleury, au Cardinal de Tencin, 173

Réponse, 176
IIe. Lettres du Cardinal de Fleury, au même, 178
Réponse, ibid.
IIIe. Lettre du Cardinal de Fleury, au même, 180
Réponse, 181
IVe. Lettre du Cardinal de Fleury, au même, 182
Lettre de Monseigneur le Cardinal de Fleury, à M. de Konigsec, 183
Préface trouvée dans les papiers de Duclos, pour un Manuscrit intitulé : La Conversion de Mademoiselle Gautier, Comédienne, & depuis Carmélite, morte en 1757, 189
Récit de la Conversion de Mademoiselle Gautier, Comédienne, copiée sur le Manuscrit original de sa main, 194
Préface de l'Histoire à laquelle travailloit Duclos, Secretaire Perpétuel de l'Académie Françoise & Historiographe de France, 226
Lettre à M. le Marquis D***, contenant l'Extrait d'un Livre intitulé: Récit véritable de la naissance de Messeigneurs & Dames les Enfants de France (de Henri IV & de Marie de Médicis,) avec les particularités qui y ont été, & pouvoient être remar-

quables, *par Louise Bourgeois, dite Boursier, Sage-Femme de la Reine,* 239

Traduction d'une Lettre de Marie Stuart, à la Reine Elisabeth, contenant nombre d'Anecdotes sur la vie privée, le caractere & les amours de cette Reine, 267

Relation tirée d'un Manuscrit, dont l'original est conservé dans les Archives de la Maison de la Force; concernant la façon dont le Maréchal de la Force a été sauvé du Massacre de la St. Barthelemi, en 1572, 278

*Mémoires pour servir à l'Histoire du Pape Clément XIV, traduits de l'Anglois, du Chevalier ***,* 300

Addition nécessaire au Recueil intitulé: Pieces intéressantes & peu connues, pour servir à l'Histoire, 319

Jugement de Balthazar de Fargues, 331

Fin de la Table.

LETTRES
ORIGINALES
DE J. B. ROUSSEAU
ET
DU COMTE DE BONNEVAL,

Depuis le 27 Novembre 1723, jusqu'au 18 Novembre 1725,

Relativement à l'affaire qui a forcé le Comte DE BONNEVAL de se réfugier en *Turquie*.

AVIS DE L'ÉDITEUR.

CES Lettres, on ne peut plus intéressantes eu égard aux noms de ceux qui les ont écrites, & à la singuliere affaire qui en fait le principal objet, étoient restées, après la mort du célebre *J. B. Rouffeau*, entre les mains d'un vieux domestique du défunt, nommé ..... qui, par reconnoiffance d'un emploi affez avantageux que lui avoit procuré, à *Bruxelles*, le Vicomte *de Sandrouins*, le pria de vouloir bien les accepter. Et c'eft au fils aîné de ce Seigneur, M. le Vicomte *de Sandrouins*, Chambellan de feu *Son Alteffe Royale Monfeigneur le* PRINCE CHARLES DE LORRAINE, que l'Editeur de ces mêmes Lettres, dont il fe propofe de dépofer les originaux à la Bibliotheque du Roi, a l'obligation de s'être vu poffeffeur de cette efpece de *petit Tréfor littéraire*, dont il a cru que le Public lui fauroit quelque gré de lui avoir fait part.

LETTRE

DE J. B. ROUSSEAU,

A M. le Comte D*** (a).

A Bruxelles, le 27 Novembre 1723.

J'ai différé jufqu'ici, Monfieur, de répondre à la Lettre que vous m'avez fait l'honneur de m'écrire, du 9 de ce mois, parce que j'efpérois pouvoir vous mander l'arrivée de *M. le Comte de Bonneval*, que j'attendois de jour en jour.

Mais je viens d'apprendre qu'il a pris fon chemin par *Hanover*, où il doit s'arrêter quelques jours, & de-là rabattre par la *Hollande* : en forte que je ne l'attends plus que vers le 10 du mois prochain. Il me mande que le Roi de Pologne l'a chargé de me remercier de l'exemplaire de mes Ouvrages, que j'ai préfenté à S. M., & de me remettre un diamant de 300 piftoles, dont elle me fait préfent. Voilà une galanterie à laquelle je ne m'at-

---

(*a*) Confeiller d'Etat d'Epée, Chevalier des Ordres du Roi, en fon Hôtel, rue Saint-Dominique, à Paris.

tendois pas, mais qui ne m'a point surpris du plus généreux & du plus magnifique Prince de l'Europe.

Pour revenir au Comte *de Bonneval*, je vois dans la conduite de M. son frere la vérification du proverbe, qui dit que *Chien qui ne peut courir, ruse*. Depuis son procès perdu, il a écrit lettres sur lettres à *M. de la Tour*, qui vient d'être fait Colonel *de Bonneval*, pour le presser de lui mander l'arrivée de son frere à *Bruxelles*, où il veut lui envoyer son fils, & le venir voir lui-même. Je ne sais si cette affection tardive sera capable de toucher le cœur de notre ami, & de lui faire faire quelque mauvais marché. De l'humeur dont je le connois, il en seroit assez capable, si la famille *de Biron* ne le soutient contre la bonté de son chien de cœur.

Je vous suis infiniment obligé de m'avoir débarrassé de ce grand vilain livre du P. *Monfaucon*, qui va devenir fort beau entre les mains du Prince *de la Tour*, & qui seroit très-inutile dans les miennes.

Le Chevalier *Litta*, qui doit vous avoir présentement remis le Supplément que vous m'avez demandé, m'a dit qu'il avoit vu à *Malthe* le Chevalier de *Comminges*, en fort bonne santé, & prêt à en repartir pour France. Si vous en avez des nouvelles, je vous prie de vouloir bien m'en faire part. On m'a dit que sa ferveur pour le séjour de l'isle s'étoit changée en dégoût, & en un ennui profond. Cela ne me surprendroit nullement : les choses qu'on aime le plus, ne veulent pas être vues de trop près ; & je ne sache point de séjour dans le monde qui satisfasse assez l'imagination, pour ne rien laisser à desirer. Celui où on est le plus libre, me paroît le meilleur de tous : mais il y a des fers qu'on ne sauroit quitter sans peine.

Je conçois que vous en aurez un peu à vous défaire de ceux de la Cour. Je tiens cependant, qu'on ne sauroit jamais se trouver mieux que chez soi ; & que le plaisir de vous rapprocher de M. l'Archevêque d'*Aix*, vous dédommagera aisément de ce que vous perdrez en quittant quelques amis de Cour, qui, aux agréments de la conversation près, ne sont pas difficiles à remplacer par tout pays.

J'espere que vous aurez présentement à Paris Madame la Marquise *de Villette* & Mylord *Bolingbroke*. Je vous supplie, Monsieur, de vouloir bien les assurer de mes respects.

J'ai des compliments à vous faire de M. *le Prince Eugene* & de M. *le Duc d'Aremberg*, avec qui je viens de paſſer huit jours à *Mons*, où je compte de retourner bientôt.

Nous allons perdre *Madame de Rupelmonde*, qui faiſoit le principal ornement de ce pays-ci, où elle a gagné l'eſtime & l'amitié de tout le monde. *Bruxelles* a valu quelque choſe pendant qu'elle y a demeuré ; ce ne ſera plus qu'une ville comme une autre, quand elle en ſera partie.

Je ſuis, avec toute la reconnoiſſance & tout le reſpect que je vous dois, Monſieur, votre &c.

Signé Rousseau.

AU MÊME.

A Bruxelles, le 10 Mars 1724.

Je vous félicite de tout mon cœur, Monſieur, de l'heureuſe arrivée de M. l'*Archevêque d'Aix*.

Outre le plaiſir de voir ce qu'on aime, c'eſt un grand avantage dans un pays où on ne ſauroit manquer de faire ſouvent de mauvais sang, de trouver quelqu'un qui puisse aider à le rectifier par une confiance réciproque & sûre. La langueur de Monsieur votre petit-fils m'afflige; je l'aime pourtant mieux, à son âge, qu'une maladie de violence : celle-ci emporte tout d'un coup, on guérit de l'autre; & j'ai toujours vu que les enfants malingres, sont ceux qui vivent le plus.

Je suis fâché que vous ne puissiez pas voir plus souvent le Duc *d'Aremberg* : il vous aime véritablement; & si son genre de vie répondoit au vôtre comme son tour d'esprit, il n'y auroit pas deux hommes plus faits l'un pour l'autre, que vous deux. On me fait un crime de l'aimer; & moi j'ai déclaré à la barbe de Madame ***, que je l'aimerois toujours, parce qu'il ne m'avoit jamais trompé.... *A bon entendeur, salut.*

J'ai ici plusieurs amis, bien honnêtes gens, mais de peu de ressource pour le commerce de la vie. Dieu m'a envoyé le Comte *de Bonneval* pour y suppléer; je passe douze heures de la journée avec lui sans m'en appercevoir. Il a présentement une fort bonne maison, dont il ne sort point, parce que tout le monde l'y vient chercher, à commencer par le

Plénipotentiaire (*a*) & fa famille, qui ne font pas ceux qui le divertiffent le plus, étant naturellement porté, auffi bien que moi, à eftimer les gens par ce qu'ils valent, plutôt que par ce qu'ils font. Il vous embraffe de tout fon cœur, & n'eft pas moins indigné que moi des procédés de *Du Bourg*, qui n'en a pas ufé mieux avec vous qu'avec lui. Ce garçon eft né avec de l'efprit, mais il ne l'a pas plus cultivé que fon cœur : la pareffe le domine, & le dérangement le perd. Nous l'avions mis en liaifon avec tous les Miniftres & les plus honnêtes gens de la Cour, qui le voyoient très-volontiers. Il s'en eft tenu là, & ne va chez perfonne, que chez *Saint-Saphorin*, dont le commerce eft le moins honorable de *Vienne* : le refte du temps, il le paffe avec fon valet-de-chambre. Je fuis bien fâché qu'il n'ait pas mieux profité de vos leçons & de fes talents. Pour moi, je n'ai pas ouï parler de lui depuis mon départ de *Vienne* : mais je ne lui en veux point de mal, parce que je connois la tyrannie du péché de pareffe, & que je pardonne toutes les fautes, hors celles du cœur. Ce

---

(*a*) Le Marquis *de Prié*, Miniftre de l'Empereur à la Cour de *Bruxelles*.

que je ne lui pardonne point, c'est d'avoir oublié ce qu'il vous doit. C'est une faute dans laquelle je ne tomberai jamais : vos bontés me sont toujours présentes ; & je ne cesserai toute ma vie d'être, avec autant de reconnoissance que d'attachement & de respect, &c.

Signé Rousseau.

Au Même.

A Bruxelles, le 27 *Avril* 1724.

Votre précédente, Monsieur, m'a allarmé sur votre situation, par rapport à un petit-fils que vous avez raison de chérir. Votre derniere ne me tranquillise point. J'espere que la premiere me consolera davantage. La jeunesse est forte à passer, mais elle revient de loin.

Intérêt de famille & amitié paternelle à part, je ne sais si le monde dans lequel vous vivez, à la peinture que vous m'en faites, vaut les souhaits d'une longue vie. Je ne vois pas beaucoup d'apparence à un amendement si prochain.... En bonne philosophie, l'ignorance est le principe de tous les vices, & même de la vanité ;

& je vois que ces deux déesses tiennent aujourd'hui le haut du pavé. Elles ne déguerpissent pas aisément : quand elles regnent quelque part, il faut des siecles & des miracles ; & un *Sophi* de Perse coûte moins à détrôner.

J'avoue que je ne songeois point au successeur de M. *de Torci* quand vous m'avez parlé de Madame *Fériol*, & que je ne le compris point parmi les confidents du premier Ministre. Je suis persuadé que son amie est toujours la mienne. Elle m'écrit quelquefois ; mais je connois assez mes amis, pour ne me commettre avec eux qu'autant que la raison le permet. Il y a mille choses que je pourrois confier à celle-ci ; il y en a d'autres que je ne voudrois lui dire qu'à bonnes enseignes, quelque persuadé que je sois de sa fidélité : les amis du genre humain ne sont pas ce qu'il me faut dans la situation où je me trouve.

On nous dit hier que notre grand Duc *d'Aremberg* avoit cédé sa maison à Madame *de Rupelmonde* : celle-ci seroit-elle brouillée avec M. son pere ?... Il y a déja quelque temps qu'elle ne m'a écrit. J'ai toujours adressé mes lettres au Duc, sur le *Quai des Théatins*. Je ne sais où je dois lui écrire, s'il est vrai qu'il soit délogé. Je vous supplie, Monsieur, de vouloir bien me dire ce que vous savez.

Puisque vous me parlez de Madame *de Villette*, permettez-moi de l'assurer ici de mes respects, aussi-bien que Mylord *Bolingbroke*. On peut supporter Paris avec un voisinage comme le leur; & je ne regrette point le temps que vous y passez, si vous y avez encore beaucoup d'amis qui leur ressemblent. Je ne pense plus à celui que vous m'avez laissé deviner pour votre successeur à *Vienne*; j'y ai perdu mon Latin. Permettez que je finisse, en bon François, par les assurances, &c.

Signé Rousseau.

Au Même.

A Bruxelles, le 13 Mai 1724.

JE sens comme vous, Monsieur, la peine où vous devez être, & je partage vos inquiétudes sur la santé d'un petit-fils, que vous regardez, avec justice, comme la ressource de votre maison. Mais il n'y a point d'enfance qui se passe sans danger, & j'espere que vous en serez quitte pour la peur. Je vous conjure de vouloir bien m'écrire quand vous aurez de meilleures nouvelles à m'apprendre; car je n'ai pas moins besoin que vous, d'être rassuré sur un article si important.

Je n'aurois pas été fâché de me débarrasser des dix exemplaires qui me sont venus lorsque je les attendois le moins, & qui sont les seuls qu'il y ait à débiter dans le monde.

J'aurois été encore plus aise d'en pouvoir donner un à notre cher Commandeur; mais puisqu'on ne sauroit avoir de passe-port, il faut prendre patience.

Je ne suis nullement fâché du refus de ceux à qui vous vous êtes adressé: je ne leur veux du mal que de leurs sottes louanges. Rien n'humilie davantage que les éloges des gens que l'on n'estime point.... Jugez vous même, si un homme qui admire les *Couplets du café*, & qui met *Fontenelle* & la *Deshoulieres* à la tête du *Parnasse François*, doit me chatouiller beaucoup par ses approbations!... Il y a long-temps que je le connois, & que je l'ai ouï jouer de la basse de viole, chanter des parodies bachiques, & réciter les beaux endroits des Tragédies de *Crébillon*, qu'il savoit tous par cœur.

Tout cela pouvoit faire un homme de bonne compagnie chez les Précieuſes de l'*Iſle Notre-Dame* & de la *Place Dauphine*, mais non pas un Miniſtre.

S'il n'eſt pas mieux informé des *affaires étrangeres* que de la mienne, il aura beau porter ſur la poitrine un ruban bleu, à la place de la toile que vendoit ſon grand-pere maternel, il ne ſera jamais qu'un fat, comme il l'a toujours été. Il eſt bon qu'il ſache que la charge dont j'ai actuellement les patentes, me rapporte mille écus de ce pays, qui font près de cinq mille francs de votre monnoie d'à-préſent : ſomme fort ſupérieure aux gages qu'il touchoit, jadis, quand il écrivoit dans les bureaux de M. *Pelletier*.

Il n'appartient pas à des morveux tels que ceux-là, de vilipender la généroſité & les autres vertus d'un Prince comme M. *le Prince Eugene*.... Voilà ce que les F... auront de moi aujourd'hui. Je n'en dirai pas davantage, parce que nous ſommes dans la ſemaine-ſainte : mais ils entendront parler de moi, à la premiere édition qui ſe fera de mes Ouvrages.

Soyez ſûr, au reſte, Monſieur, que votre héros & le mien eſt toujours ſemblable à lui-même, & toujours digne de votre plus tendre eſtime. Je ne veux point vous tromper ; & je vous dis vrai, parce que je n'ai ni chagrin ni passion qui puisse offusquer mes connoissances ; & que je puis bien faire semblant d'être dupe quand la nécessité le demande, mais non pas duper mes amis quand ils me somment de dire ma pensée. Je vous ai écrit il y a quelques jours, amplement, sur cette matiere ; & il seroit inutile de tomber dans la répétition.

Faites-moi l'amitié de me dire qui est cet ami de Madame *de Fériol*, dont vous m'avez parlé ? Si, par hasard, c'étoit le *M....*, je n'aurois pas grand profit à en espérer : car, malgré ses louanges hypocrites, je vous garantis qu'il me hait autant que je le méprise ; & c'est tout dire. Fade & faux ne sont pas termes synonymes, mais ils sont respectifs, & l'un ne va guere sans l'autre.

Je salue notre grand & aimable Duc, & suis avec reconnoissance, attachement & vénération sans bornes, votre, &c.

Signé Rousseau.

Au Même.

A Bruxelles, le 11 Août 1724.

Je compte, Monsieur, sur-tout eu égard à la Lettre dont vous m'avez honoré, du premier de ce mois, que celle-ci vous trouvera à *Versailles*. Je souhaite que vous y réussissiez dans vos vues, étant bien persuadé qu'elles ne sauroient être que justes & raisonnables. Vous savez cependant que la justice & la raison ne sont pas toujours des titres pour obtenir la fin que l'on se propose..... Ainsi, Monsieur, réjouissez-vous si vous réussissez, & ne vous affligez pas si vous n'attrapez rien. Je vous ai vu persuadé que l'Eminentissime *Dubois* étoit fort de vos amis. Moi, qui avois long-temps rôti le balai avec ce champignon d'*Outre-Loire*, je me défiois un peu de la sincérité du personnage.... Entre vous & moi, je n'ai pas meilleure opinion de *M...*; c'est un jeune étourneau, qui battra des mains à tout ce que vous direz, qui rira, qui applaudira jusqu'à vous affadir le cœur : mais qui ne laissera pas de vous trahir en douceur, sur-tout s'il s'agit de servir, à votre préjudice, quelque freluquet de son espece. Ce sont des gens qui, n'ayant point assez d'esprit pour être prudents, se rabattent sur la mauvaise finesse, qui est toujours le partage des petits esprits.

C'est l'unique mérite du *Transalpin* (*a*) qui gouverne ce pays-ci ; qui est, d'ailleurs, l'homme le plus plat & le plus fastidieux que je connoisse. Encore ne sait-il pas son métier ; & ses ruses sont si grossieres, qu'un aveugle y mordroit. J'ai dû feindre d'y être trompé, jusqu'à ce que j'aie eu amplement tout ce qu'il me falloit pour le confondre. Le fat, en croyant m'attraper, a donné dans tous les panneaux que je lui ai tendus ; & je vois, par les réponses que je reçois du Prince (*b*) depuis trois mois, qu'il en est suffisamment convaincu : c'est tout ce que je voulois. Je verrai à *Vienne*, où je compte aller dans un mois, ce que cela opérera.

J'avoue, avec vous, que cette indulgence lui fait tort dans l'esprit de bien des gens qui ne le connoissent pas comme nous ; mais tous les hommes sont hommes, & il n'y en a guere qui veuillent avouer qu'ils

___

(*a*) Le Marquis *de Prié*.
(*b*) Eugene.

se sont trompés dans leur choix, & démentir leur engagement.

N'en craignez pourtant rien pour ce pays. On y déteste le Ministre, on l'abhorre; mais on n'en demeurera pas moins fidelle à la *Maison d'Autriche*, quelque chose qui puisse arriver. Je connois ces gens-ci : ils parlent beaucoup, mais ils ne sont hardis qu'en paroles.

Ils aiment la personne du François en particulier; mais la tyrannie qu'ils ont vu exercer sur les biens des particuliers pendant la *Régence*, a rendu votre gouvernement si odieux, qu'ils aimeroient mieux encore être au diable qu'à la France. M. *de M...* n'en croira peut-être rien; mais je connois ce pays-ci mieux que lui, & mieux que M. *de Roissi*, son correspondant.

Je ne sais rien de l'ambassade future du Duc *d'Aremberg*, que ce que M. *de Sinzindorff* en a dit au Marquis *de Breille*, qui nous l'a mandé. J'y vois, du reste, beaucoup d'apparence & de raison. Notre Cour sera bien-aise de rendre à la vôtre Duc pour Duc; &, comme vous savez, elle ne fourmille pas en génies du premier ordre. Je suis persuadé que notre cher Duc n'aura point de peine à prendre l'air & les manieres de son état, s'il en change ; & quand il voudra s'en donner la peine, je doute que la gravité de votre succeſſeur ſoit plus importante que la ſienne. L'approbation que le Miniſtre *Tricaut* donne aux Mémoires de *Vienne*, m'en donne une grande idée. Son témoignage en vaut bien un autre ; & je ne doute point qu'ils ne ſoient auſſi ſenſés que celui à qui ils s'adreſſent. Je ne ſaurois pourtant approuver que celui-ci ſe donne pour mort, *de la ceinture en-bas:* cela ne vaut rien à *Vienne*, non plus qu'ailleurs. Dieu le préſerve que cette opinion s'y établiſſe ! on s'y attend à toute autre choſe ; & tout ce qui pourroit lui reſter, ne ſauroit valoir ce qu'il perdroit par ce retranchement volontaire.

Je ne ſavois rien de tout ce que vous me mandez de *Du Bourg* & de ſa famille. J'en ai fait part au Comte *de Bonneval*, à qui il avoit fait accroire qu'il n'étoit qu'un pauvre Gentilhomme. Sans entrer dans le détail de ce que vous nous mandez, M. *de Bonneval* ne l'en eſtime ni plus ni moins, & il a raiſon. Il l'aimeroit même encore, s'il ne l'avoit pas payé d'ingratitude, comme il a fait à votre égard.

Nous continuons de nous amuſer ici du mieux qu'il nous eſt poſſible, & nous buvons souvent à votre santé. M. le Chevalier *de Cosan* a repassé ici, à son retour de Hollande, & nous avons soupé deux fois ensemble. Ce n'a pas été sans faire ample commémoration de vous. Nous avons eu ici le jeune Duc *de Montmorency*, qui nous a charmé par sa figure & ses manieres. Il va aussi passer quelques mois en Hollande avec le Comte *de Lorges* & un Gentilhomme appellé M. *de la Chevaleraie*, qui est homme d'un grand mérite.

Permettez que j'assure ici M. *l'Archevêque d'Aix* de mon très-humble respect.

L'accident arrivé à *Chantilly* est affreux!... Il semble que je l'aie prévu dans une lettre que j'écrivis, quelques jours auparavant, au Chevalier *de Comminges*, où je parlois des Rois chasseurs. Un exemple aussi funeste devroit bien leur servir d'avertissement, & les guérir de cette passion outrée, qui les distrait de la véritable application à laquelle ils sont obligés par leur rang.

Je finis, en vous assurant, &c.

Signé ROUSSEAU.

LETTRE

de M. le Comte de Bonneval,

à M. le Comte D***.

A Bruxelles, le 17 Août 1724.

Il faut, Monsieur mon cher Cousin, que j'aie l'honneur de vous confesser ma juste vivacité, & l'indignation dont j'ai été saisi contre la Maison *de Prié*, puisque M. *Rousseau*, sans m'en parler, a jugé à propos de vous en instruire, & que je n'ai pas résolu de m'en mettre aux pieds d'un Moine, pendant le *Saint Jubilé* accordé par le nouveau Pape.

On ne peut rien ajouter aux infâmes calomnies répandues par la Marquise *de Prié*, & sa fille la Comtesse *d'Apremont*, contre l'honneur de la jeune Reine d'*Espagne*, en pleine assemblée, à leur table, à leur jeu, dans les visites particulieres qu'elles faisoient ou recevoient, & le plus souvent en présence du Marquis *de Prié*, qui, bien-loin de réprimer l'insolence de sa femme & de sa fille, y ajoutoit quelques froides railleries, & des réflexions malignes contre la réputation de nos Princeſſes.

Depuis cinq ou ſix jours qu'ils ont commencé cette manœuvre, ma bile s'échauffoit toujours de plus en plus, à meſure qu'on me rendoit compte de leur impertinence. Je me contenois cependant toujours, eſpérant que la choſe ne ſe répandroit pas, & que dans peu de jours elles s'anéantiroit d'elle-même.

Mais comme tout fourmille actuellement d'Anglois, de Hollandois & d'Allemands à *Bruxelles*, & que ces calomnies ſe ſont répandues ſi univerſellement aux Pays-Bas, qu'un Capitaine, nommé *Oliſi*, du Régiment de *Baden*, m'a dit qu'on ne parloit d'autre choſe à *Gand*, & que ſon hôte, qui eſt un honnête Cabaretier d'ici, les lui a racontées en arrivant chez lui; que le Prince *de Naſſau*, qui va à *Vienne*, prenant congé de moi, m'a encore dit les mêmes choſes, & pis : enfin, de peur de crever, j'ai éclaté, & il en arrivera ce qui pourra.

J'ai l'honneur de vous envoyer copie de ce que j'ai publié à *Bruxelles*, par écrit. Plus de vingt autres pareilles copies courent les rues, les ayant, hier au ſoir, diſtribuées à l'aſſemblée qui ſe tenoit chez moi.

Vous direz, sans doute, que je suis fou?... Mais vous savez peut-être, que six mois après mon arrivée en Allemagne, j'apostrophai un soufflet, à poing fermé, sur la copieuse face d'un Officier Général *Prussien*, qui dit, en ma présence, chez le Prince *de Saxe-Gotha*: que notre bon vieux Roi *Louis XIV*, *étoit un indigne J. F...*? & que je soutins assez heureusement cette affaire, pour ne me pas dégoûter d'en avoir de pareilles. Et comme le vin de celle-ci est tiré, je le boirai jusqu'à la derniere goutte, & ne souffrirai jamais qu'on attaque, où je serai, l'honneur de notre Sang royal.

Tout ce qui s'est passé sur cette affaire, entre la Maison *de Prié* & moi, est tellement public depuis vingt-quatre heures que j'ai prêché mon assemblée, que je n'en puis plus démordre, & n'en ai pas même la moindre envie; car il faut savoir de qui ils ont appris cette nouvelle, ou s'ils l'ont forgée, & que les Auteurs soient punis: car, sans cela, il resteroit une très-vilaine cicatrice à l'honneur de la jeune Reine, puisqu'on ne peut réparer une aussi infâme calomnie (quand elle s'est généralement & publiquement répandue) que par une satisfaction pareille & le châtiment de ses Auteurs.

Je me rapporte à la lettre que vous a écrite M. *Rousseau*, Monsieur & cher Cousin, & au papier ci-joint, pour le détail de cette affaire, afin de ne point vous ennuyer par une répétition. Vous ferez l'usage que vous trouverez juste, de cette lettre & de celle de M. *Rousseau*; & j'espere que, sans nous commettre, vous ferez prendre les mesures nécessaires & convenables à l'honneur de cette Princesse : car vous verrez bientôt la Hollande, l'Allemagne & l'Angleterre, aller *à la moutarde* de cette fausse nouvelle, inventée chez *les Prié*.

Depuis qu'on a mis la lettre de M. *Rousseau* à la poste, j'ai cru y devoir joindre cette longue apologie de ma conduite dans cette affaire. Mais vous aurez la bonté de réfléchir aussi, mon cher Cousin, qu'outre qu'il est de mon devoir indispensable de défendre l'honneur de notre Sang royal, contre qui que ce soit qui ose l'attaquer, c'est que j'ai encore l'*honneur de lui appartenir, par les Maisons de* FOIX *&* d'ALBRET; & que *le Grand* HENRI a bien voulu témoigner, dans une lettre qu'il écrivit au *Parlement de Pau*, & qui est entre les mains de mon beau-pere, qu'il recommandoit les affaires de son cousin le Duc *de Biron* avec d'autant plus de chaleur, qu'*il étoit son proche parent par la Maison de Bonneval.*

Je vous mets ici les propres termes de la lettre de ce grand Monarque, non par orgueil, mais pour vous préparer à me voir prendre cet honneur fait à ma famille, comme un bouclier qui m'autorise à faire ce que j'ai fait.

Au cas qu'on s'avise, à *Vienne*, de désapprouver ma conduite comme Officier de l'Empereur, ils ne le pourront faire comme étant *allié de la Reine d'Espagne*, qui est un trop grand honneur pour moi, pour que j'ose jamais m'en servir, (bien que très-réel & véritable) si je n'en ai absolument besoin pour ma défense.

Si j'en avois pourtant la permission de Son Altesse Sérénissime *Monseigneur le Duc*, après qu'il aura eu la bonté de s'informer de la vérité par M. le Duc *de Biron* même, je pousserois le *B....de Piémontois* bien autrement!

C'est à vous, mon cher Cousin, que j'honore & respecte au-delà de toute expression, à me guider.

Il ne sera pas mal d'imposer encore aux étrangers un peu plus de respect pour notre Sang royal, en poussant bien cette affaire.

affaire. Il en sera plus respecté de nos voisins, MM. les *Hollandois & Allemands*, qui en parlent quelquefois avec trop de licence.

Au reste, comptez, Seigneur, que je vous adore, & qu'on ne peut être avec une tendresse égale à la mienne, votre, &c.

Signé BONNEVAL.

DÉCLARATION PUBLIQUE

De M. le Comte de Bonneval, au sujet des calomnies répandues contre la Reine d'Espagne.

LA Marquise *de Prié*, & sa fille la Comtesse *d'Apremont*, ont dit dans leur maison, en pleine assemblée, & en présence du Marquis *de Prié, Pro-Gubernator des Pays-Bas Autrichiens*, époux de ladite Marquise, & ont continué de faire courir les bruits suivants, tant dans d'autres conversations qu'à leur table, savoir :

Qu'ils avoient des lettres qui portoient, qu'un certain Marquis *des Eaux*, Flamand, avoit été assassiné à *Madrid*, pour avoir été trouvé, de nuit, chez la Reine, & que c'étoit la cause que cette jeune Princesse avoit été en disgrace de Leurs Majestés, son beau-pere le Roi *Dom Philippe*, & le Roi régnant *Dom Louis*.

Ce discours fut rapporté au Comte *de Bonneval*, Général d'infanterie des troupes de l'*Empereur*, qui a fait publier dans toute la ville de *Bruxelles* : Que les hommes qui faisoient de pareils discours, étoient *des coquins & des malheureux* ; *& les femmes des P... & des Gar... qui méritoient qu'on leur coupât la robe au cul*; puisqu'il ne convenoit à personne au monde d'attaquer la réputation d'une aussi grande Princesse, sortie de l'*auguste Maison de France*, & de plus, *Reine d'Espagne*.

Que ledit Comte *de Bonneval* n'exceptoit aucune maison ni personne de *Bruxelles*, quand même ce seroit le Marquis *de Prié*, sa femme ou sa fille, quoiqu'il soit *Pro-Gubernator* de l'Empereur dans les *Pays-Bas Autrichiens*; à moins qu'ils ne lui donnent des preuves incontestables de ce qu'ils ont si publiquement répandu contre cette grande Princesse, en présence de tant de monde.

N. B. Au bas d'une pareille copie, est écrit ce qui suit :

Les preuves de tous les faits contenus au *Mémoire*, font au pouvoir de M. le Comte *de Morville*, & ne laiſſent point de doute ſur ce que M. le Comte *de Bonneval* a relevé un fait qui eſt prouvé par les Comtes *de Lanoy*, *Calemberg*, *le Prince de Naſſau*, *le Rheingrave*, &c.

LETTRE

DE M. ROUSSEAU,

à M. le Comte D***.

A *Bruxelles*, le 18 *Août* 1724.

Il vient de ſe paſſer ici une choſe qui pourra avoir des ſuites ; & j'ai conçu, Monſieur, qu'il ſeroit bon que vous en fuſſiez informé, afin d'être en état d'en faire ſavoir la vérité à qui il appartiendra.

Il y a ſix jours que la Comteſſe *d'Apremont*, fille aînée de la Maiſon *de Prié*, prétendit avoir reçu des lettres qui lui marquoient : Qu'un certain Marquis *des Eaux*, homme de qualité de ce pays-ci, avec qui elle a été en commerce avant ſon veuvage, venoit d'être aſſaſſiné en Eſpagne.

Cette nouvelle fut débitée purement & simplement, & sans y mêler aucunes conjectures. Mais le lendemain, Madame la Marquise *de Prié* trouva bon de publier chez elle, & en pleine assemblée, que cet assassinat étoit la suite d'une galanterie de ce Marquis avec la Reine d'Espagne; & qu'ayant méprisé l'avis qu'on lui avoit donné de ne la plus voir, il avoit été poignardé dans le palais où cette Princesse étoit reléguée.

Le *Rheingrave*, à qui Madame *de Prié* dit cette nouvelle, après l'avoir débitée, en sa présence, à ceux qui étoient présents, & en particulier à l'*Internonce* & à la Princesse *de Horn*, vint la rendre *toute chaude* à M. le Comte *de Bonneval*, chez qui il étoit prié à souper, & qui la regarda comme une impertinence qui ne méritoit pas d'être relevée, & qui tomberoit toute seule.

Le lendemain, M. le Comte *de Lanoy* conta la même nouvelle à M. le Comte *de Bonneval*, comme l'ayant apprise, le matin, de Madame *de Prié*, à qui il avoit pris la liberté de dire en face: Qu'il n'en croyoit rien; & qu'elle devoit savoir, *que le lit d'une Reine d'Espagne n'étoit pas aussi aisé à approcher que celui de Madame d'Apremont?*

Nous ne laissâmes pourtant pas d'apprendre le soir, que cette nouvelle avoit fait tout l'entretien du dîner de Madame *de Prié*; & le jour d'après, M. le Prince *de Nassau* étant venu prendre congé de M. le Comte *de Bonneval*, avant de partir pour *Vienne*, lui dit, que Madame *de Prié* & sa fille ne l'avoient entretenu d'autre chose le matin qu'il les étoit allé voir, & que la premiere lui avoit ajouté: Que ce qui l'étonnoit le plus, c'étoit qu'un garçon aussi bien fait que le Marquis *des Eaux*, *eût pu devenir amoureux d'un petit monstre*, *qui étoit l'exécration du genre humain*.

Ce discours échauffa la bile du Comte *de Bonneval*, qui pourtant se contint encore. Mais ayant appris, le soir, que toute la ville étoit pleine de ce faux bruit, qui continue depuis mardi que M. *de Prié* est parti, avec toute sa famille, pour *Ostende*; il a cru, qu'étant né François, il ne devoit pas souffrir davantage une pareille insolence, & a pris le parti de déclarer tout haut, à l'assemblée qui se tient chez lui deux fois la semaine : Que les auteurs de cette infâme nouvelle ne pouvoient être *que des P...*, *& des faquins & des malheureux*, *si c'étoient des hommes*; *& qu'il n'y avoit qu'un Bord....*

où on pût parler, avec cette insolence, d'une Princesse de France, & d'une Reine d'Espagne.

Il a prié tous ses amis de le dire, de sa part, dans toutes les maisons où ils iront; & comme il en a beaucoup, il y a de l'apparence, qu'avant qu'il soit peu de jours, la calomnie retombera sur ceux qui en sont les auteurs.

Mais comme ce discours, tout bien fondé qu'il est, pourroit donner lieu à un procédé entre lui & la Maison *de Prié*; & que, de l'humeur dont nous connoissons le Comte *de Bonneval*, il est homme à la pousser à toute extrémité, il a cru devoir prendre les devants à la Cour *de Vienne*, & a écrit toute l'affaire, comme elle s'est passée, aux Ministres de cette Cour, qui sont de ses amis.

Je suis persuadé, Monsieur, qu'on y sentira toute l'horreur d'une impudence aussi inouie & aussi noire, & qu'on en auroit satisfaction, si on croyoit qu'elle valût la peine d'être demandée.

Pour moi, j'ai cru, Monsieur, devoir vous en informer, afin que si la chose vient à la connoissance de votre Cour, comme je n'en doute point, étant devenue aussi publique qu'elle l'est ici, vous soyez en état d'en parler suivant la vérité, & de rendre à votre parent & à votre ami la justice qui lui est due, & que j'ai lieu de croire qu'on lui rendra par tout pays.

Je vous prie, cependant, de ne me point citer, cela n'étant nullement nécessaire pour la vérification de ce que je vous mande, y ayant cent personnes (par maniere de dire) qui sont prêtes d'en rendre témoignage par serment, à commencer par *le Rheingrave*, qui a l'honneur d'appartenir à la Maison *de France* par feue Madame *la Princesse*, sa grand'tante maternelle. J'ai l'honneur d'être avec beaucoup de respect, &c.

Signé ROUSSEAU.

P. S. de M. le Comte DE BONNEVAL.

Je me rapporte au détail que vous fait ici M. *Rousseau*, Monsieur mon cher Cousin, touchant l'impertinence des *Prié*. Je ne doute pas que le soi-disant Marquis *de Roissy*, Résident de France à *Bruxelles*, n'en ait rendu compte à la Cour, comme c'est son devoir, malgré la liaison, étroite ou large, de son épouse avec *le Plénipotentiaire*, chez qui toutes les calomnies ont été fabriquées.

Je vous embrasse très-fort, mon cher Cousin; je vous honore, je vous respecte, & suis avec une tendresse à toute épreuve, votre, &c.

Signé le Comte DE BONNEVAL.

COPIE

D'UNE LETTRE DE M. LE COMTE DE BONNEVAL,

à M. le Marquis D***.

A Bruxelles, le 22 Août 1724.

MONSIEUR,

Pour satisfaire votre curiosité sur les nouvelles présentes, j'aurai l'honneur de vous dire que le prétendu assassinat du Marquis *des Eaux*, fait toute l'attention du public.

La Comtesse *d'Apremont*, fille du Marquis *de Prié*, que la chronique dit avoir vécu dans des liaisons fort étroites, avant son veuvage, avec le Marquis *des Eaux*, a prétendu, il y a dix à douze jours, avoir reçu une lettre de la Princesse *Sophie Sloben Vollem*, Chanoinesse à *Meterbiltz*, qui lui mandoit que Madame *de Reve*, aussi Chanoinesse, avoit reçu une lettre de son frere qui est en *Espagne*, par laquelle il lui marquoit que ledit Marquis *des Eaux* avoit été assassiné.

Cette nouvelle a été débitée ici, les premiers jours, purement & simplement. Le lendemain, la Marquise *de Prié* trouva bon d'y faire une broderie, & de publier, en pleine assemblée, chez elle, qu'elle savoit de science certaine, que ce Marquis avoit été poignardé, par ordre du Roi, pour avoir eu un commerce de galanterie avec la Reine.

On lui objecta qu'on ne croyoit pas la chose possible dans un pays comme l'*Espagne*?... Elle répliqua qu'elle le savoit de bonne part, & que c'étoit ce qui avoit donné lieu à la relégation de cette Princesse; qu'on avoit averti le Marquis de n'y plus retourner; & qu'ayant méprisé cet avis, il avoit été poignardé, & son corps jetté par la fenêtre.

Toute la Noblesse de *Bruxelles* étoit à l'assemblée où ce discours fut tenu; & le lendemain elle recommença sur le même ton, le matin, à dîner, l'après-dînée, & le soir.

Le jour suivant, Madame *d'Apremont* relaya sa mere avec la même nouvelle; & enfin, pendant quatre jours, l'une & l'autre eurent soin d'en entretenir toute la ville, tant en public qu'en particulier, jusqu'à ce qu'elle en fût totalement abreuvée : après quoi elles partirent en famille, mardi dernier, pour *Ostende*.

Le Comte *de Bonneval*, qui, comme tout Paris le sait, a l'honneur d'appartenir & d'être apparenté à la Maison de *France*, par celles *de Foix* & *d'Albret*, & qui se tient chez lui, où il voit la meilleure compagnie du pays, apprit avec douleur ce beau roman, comme les autres, & se contenta de hausser les épaules, tant qu'il crut que la chose n'iroit pas plus avant.

Mais ayant vu l'acharnement qu'on montroit à débiter une pareille infamie, il crut que l'honneur de la *Maison de France* demandoit de lui autre chose qu'un silence méprisant, & déclara enfin à son tour, en pleine assemblée : *Qu'il n'y avoit que des G.... & des Coquins qui pussent parler avec cette insolence, d'une Princesse de France & d'une Reine d'Espagne; & que de pareilles nouvelles ne pouvoient avoir été fabriquées qu'au Lor....*

Voilà où en est l'affaire, dont vous jugez bien qu'on n'est pas venu lui demander satisfaction. Mais il y a tout lieu de croire qu'elle n'en demeurera pas-là.

Une scene aussi publique me fait conjecturer que la Cour de *France* en doit être informée, tant de la part du Marquis *de Roissy*, son Résident, que des autres François qui se trouvent ici. Ce qu'il y a de certain, c'est que plusieurs Espagnols qui se trouvent également en cette ville, en ont écrit à leur Cour, & aux Ministres Plénipotentiaires à *Cambray*; que la mere, le frere & la sœur du Marquis *des Eaux*, ont pris la même voie : en sorte qu'on est dans l'attente de savoir comme quoi la Cour de France & celle d'Espagne auront reçu cette nouvelle ; & je ne doute point que ces deux Cours, également sensibles sur le point d'honneur, ne demandent une satisfaction convenable à l'injure.

Le plus beau de l'affaire, c'est que le Comte *de la Peyre*, allarmé, comme vous pouvez penser, de cette tragique nouvelle, ayant dépêché un exprès en poste à *Meterbiltz*, pour s'informer de Madame *de Reve* de ce qui en étoit, celle-ci a répondu : *Qu'elle ne sait ce qu'on lui veut dire, & qu'il y a plus de cinq* mois qu'elle n'a reçu de lettres d'Espagne.

J'ai cru, Monsieur, que vous ne seriez pas fâché que je vous fisse part de cette petite aventure, qui servira du moins à vous faire connoître le caractere de ceux qui l'ont inventée, & à vous prouver une vérité très-incontestable, qui est : *Que rien n'est si méchant que les sots, ni si sot que les méchants.*

J'ai l'honneur, &c.

LETTRE

DE M. L. C. DU L.

à M. MILAIN, *premier Secretaire & Intendant de Monseigneur le Duc* DE BOURBON (a), *premier Ministre.*

Le 23 Août 1724.

JE ne sais, mon cher *Mentor*, si cette lettre vous trouvera encore à votre *Tus-*

(a) Il étoit ennemi de la Maison d'Orléans : raison pour laquelle il a renvoyé en *Espagne* l'*Infante*, que le Roi devoit épouser ; afin qu'on renvoyât en *France* l'aimable *Princesse d'Orléans*, qui étoit destinée pour *Dom Carlos*, Roi de *Naples*.

intéressantes. 37

culum, & à portée d'en rendre compte à *Son Altesse Sérénissime;* afin de savoir d'Elle, si je dois supprimer des lettres que je reçois de *Bruxelles*, ou en donner part à quelqu'un.

Voici, en abrégé, de quoi il est question : bien entendu que c'est à vous à qui je parle, & que je suis certain que notre Prince aura la bonté de me ménager, s'il le juge à propos, afin que la Maison *d'Orléans* ne m'impute ni bien, ni mal.

On m'écrit que la Marquise *de Prié*, & la Comtesse *d'Apremont* sa fille, toutes deux (soit dit entre nous) *grandes P.... de leur métier*, ont dit, *publiquement :* Que le Marquis *des Eaux*, homme de qualité, Flamand (si je ne me trompe), couchoit avec la jeune Reine *d'Espagne*, & qu'il avoit été assassiné à *Madrid*.

On prétend que ces deux femmes ont affecté de répandre cette histoire, parce que ce même Marquis avoit été en commerce avec la Comtesse *d'Apremont*.

Cette nouvelle ayant été publiée sans ménagement, le Comte *de Bonneval*, Général d'infanterie, qui est à *Bruxelles*, a cru devoir faire le *Don Quichotte*, & a dit : Que celles qui répandoient de tels propos, étoient des *P....*, auxquelles il falloit couper la robe au cul; & que si c'étoient des hommes, c'étoient des *marauds à étrivieres*.

Vous observerez, mon cher Principal, que le Marquis *de Prié* commande en Flandres.... On me marque que *Bonneval* a écrit à *Vienne* à tous ses amis, pour prévenir le Marquis *de Prié*, dont la réputation de probité *ne flaire pas comme baume*, & l'on est persuadé que cette affaire aura des suites désagréables.

Il me paroît, par ce qu'on m'écrit, que le Marquis *de Roissy*, chargé des affaires de France, doit être, par sa femme, faufilé avec le Marquis *de Prié*.

Les lettres que je reçois sont des 17 & 18 : je n'y répondrai qu'après avoir reçu de vos nouvelles.... Je m'imagine que le Marquis *de Roissy* aura écrit à M. le Comte *de M*....

J'ai l'honneur d'être, avec un abandon infini, mon cher Principal, & plus tendrement à vous qu'à moi-même, &c.

Signé, L. C. DU L.

N. B. Ni la Cour d'*Espagne*, ni la Maison *d'Orléans*, ne se sont pas bougées pour prendre le fait & cause de M. le Comte *de Bonneval*, nonobstant que

intéressantes. 39

son beau-pere, M. le Duc *de Biron*, Grand-Ecuyer du Duc *d'Orléans*, & quantité d'autres Seigneurs, ayent fait jouer tous leurs ressorts pour faire soutenir ledit Comte.

LETTRE

DU COMTE DE BONNEVAL,

à M. le Comte D***.

A Bruxelles, le 24 Août 1724.

MONSIEUR, mon cher Cousin, trouvez bon que j'aie l'honneur de vous écrire, pour vous avertir qu'on m'a rapporté que le Marquis *de Prié* est désolé de ce que les Ministres (du *Congrès*) de *Cambray*, pour l'*Espagne*, ont jetté feu & flammes, quand ils ont appris, par des Espagnols qui leur ont écrit d'ici, l'impertinence de lui & de sa Maison contre la Reine d'*Espagne*, qu'ils ont vilipendée par une affreuse calomnie; & d'autant plus affreuse, qu'il s'est trouvé qu'ils avoient faussement cité la sœur du Marquis *de Reve*, à laquelle ce dernier devoit avoir écrit cet affaffinat du Marquis *des Eaux*, & qui a mandé à M. le Comte *de Lannoy*, que bien-loin d'avoir répandu une pareille nouvelle, *il y avoit plus de cinq mois que fon frere ne lui avoit écrit d'Espagne*.

Jugez, mon cher Coufin, de l'horrible malice de cette canaille!

Le Marquis *de Roiffy*, réfident ici pour la France, en a écrit à la Cour, fuivant ce qu'on m'a dit; ainfi il a fait fon devoir.

Comme depuis la nouvelle de *Cambray*, qui leur a été apportée par le Réfident de *Hollande*, ils pourroient intercepter les lettres qui me viendroient, fi vous m'honorez, Monfieur, mon cher Coufin, d'une réponfe, je vous fupplie très-humblement de la faire fous couvert de M. *de Villeneuve*, Capitaine dans mon Régiment, à *Mons*. M. *Rouffeau* vous fait la même priere.

Vous favez, Monfieur, que je fuis pour vous à pendre & à dépendre.... Ainfi vous n'avez qu'à m'ordonner : je me ferois couper mes cheres T.... pour vous plaire!

Au refte, j'ai pris mes devants à *Vienne*; & les affaires de notre *vilain* feront très-mal reçues : l'Empereur les faura par des gens très-peu affectionnés envers le cher Marquis.

J'ai l'honneur d'être, &c.

Signé BONNEVAL.

LETTRE
DE J. B. ROUSSEAU,
Au Comte D***.

A Bruxelles, le 31 *Août* 1724.

JE n'ai que le temps qu'il me faut, Monsieur, pour prendre congé de vous. Je pars ce soir pour *Vienne*, où je compte d'arriver dans neuf ou dix jours au plus tard. J'aurai l'honneur de vous écrire dès que l'embarras des premieres visites sera fini; & s'il me vient ici quelques lettres de vous, elles seront portées chez M. *de Bonneval*, qui me les enverra.

L'affaire qu'il a avec *les Prié*, fait du carillon, & elle en fera encore davantage, si je ne me trompe. *L'Excellence Piémontoise* n'avoit pas besoin de cette nouvelle affaire à *Vienne*, où il y a long-temps que je sais que sa réputation ne flaire pas comme baume.

Peut-être le vilain se repentira-t-il de n'avoir pas mieux ménagé le silence des honnêtes gens. Je vous en parlerai plus savamment dans quelque temps d'ici.

Le Comte *de Bonneval* a écrit une belle & bonne lettre à l'*Empereur*, & lui a envoyé les témoignages de tous ceux qui ont entendu la calomnie dont je vous ai fait part dans ma derniere lettre. J'en ai reçu une du Duc *d'Aremberg*, dès le lendemain de son arrivée. Il a trouvé la Cour à *Neustadt*, & devoit y aller dans quelques jours.

Le peu de temps qui me reste jusqu'à ce soir pour me préparer à partir, ne me permet que de vous demander la continuation de vos bontés, & la grace de me croire, avec une reconnoissance éternelle, &c.

Signé ROUSSEAU.

DU MÊME, AU MÊME.

A Vienne, le 20 Septembre 1724.

QUOIQUE j'aye encore vu peu de monde, Monsieur, depuis mon arrivée ici, les visites actives & passives n'ont pas laissé de prendre beaucoup sur mes journées; & je me trouve à peine le temps de vous écrire quatre mots, pour vous dire que la derniere lettre que vous m'avez fait l'honneur de m'écrire, m'a été renvoyée ici, où elle m'a suivi de près.

En conséquence, j'ai fait remettre, ce matin, à un fameux Avocat que m'a indiqué M. le Comte *Guillaume de Sinzendorff*, le mémoire qui y étoit joint; & dès qu'il y aura satisfait, je vous renverrai sa réponse dans la forme que vous demandez.

Je n'ai pas encore songé à mes affaires, & je n'y penserai qu'après que celles du Comte *de Bonneval*, qui, peut-être, sur le charivari de *Bruxelles*, vous ont donné de l'inquiétude, seront entiérement finies, & j'espere que ce sera à sa satisfaction. M. *de Prié*, par l'incartade qu'il a faite, a rendu si mauvaise sa cause, (qui déja n'étoit pas trop bonne,) que quand même notre ami seroit désapprouvé pour sa vivacité, le Ministre le sera infiniment davantage pour son attentat : n'étant pas permis de venger, de son autorité privée, une injure conditionnelle, & qu'il pouvoit ne pas prendre pour soi, par des injures personnelles & atroces, contre un homme de la qualité & du rang de M.

de Bonneval. C'est ce que pensent ici les personnes les plus sensées, même entre les amis de M. *de Prié* ; & j'y ai trouvé deux opinions établies, comme vérités incontestables : l'une, que Madame *de Prié* est la premiere qui ait débité le roman scandaleux de l'assassinat du Marquis *des Eaux*, qu'il ne lui sert plus de rien de vouloir nier ; l'autre, que M. *de Bonneval* a eu tort de s'ériger en *champion* d'une Princesse étrangere. C'est sur quoi on décidera ; mais la conjoncture est peu favorable pour le Ministre *Piémontois.*

Il est actuellement tenu sur les fonts pour matiere grave, & je sais que son administration est examinée à toute rigueur par des personnes qui ne lui feront guere de quartier. Je ne saurois vous en dire davantage.

Si j'étois seulement deux heures tête à tête avec vous, je vous étonnerois peut-être, en vous disant une partie de ce que je sais depuis quatre jours.... Il me suffit, pour vous tranquilliser, de vous dire que les affaires de notre ami ne sont point ici en mauvaise posture ; & que, s'il est puni pour une petite faute, son ennemi court grand risque de l'être pour une plus grande.

M. le Comte *de Sinzendorff*, chez qui je dînai avant-hier, vous fait mille compliments, aussi-bien que le Comte *Joseph de Paar*, auprès de qui j'étois, & qui me porta votre santé. Autant en fait la Comtesse *de Valstein*, & le Duc *d'Aremberg* chez qui je loge, & où vous aurez la bonté de m'adresser vos lettres. Il agit parfaitement pour notre cher Comte, & a eu audience très-favorable de Leurs Majestés, dont il doit encore en prendre une à la fin de cette semaine.

Je vous demande la continuation de vos bontés pour moi, qui suis, sans vanité, avec plus de reconnoissance, d'attachement & de respect, qu'aucun homme qui vive, votre, &c.

Signé ROUSSEAU.

LETTRE

DU COMTE DE BONNEVAL,

à M. le Comte D***.

Au Château d'Anvers (a), *le 29 Septembre* 1742.

J'AI reçu, Monsieur, la lettre que vous m'avez fait l'honneur de m'écrire, & vous rends très-humbles graces de la continuation de vos bontés, dont je n'ai jamais douté ; le passé me répondant du présent & de l'avenir.

Je prie M. le Duc *de Biron*, mon cher Cousin, de vous communiquer tout ce que j'ai envoyé à *Vienne*, à *Sa Majesté Impériale* & au Conseil de Guerre. J'ai tiré, comme vous verrez, très-habilement mon affaire des pattes du Prince *Eugene* : car je n'aime pas qu'il me turlupine pour servir ses favoris, qui sont d'ordinaire les plus grands coquins de l'Empire *Turc* & *Romain*.

Je vous donnerai aussi part que l'*Em-*

(a) Où il avoit été conduit par ordre du Marquis *de Prié*.

pereur s'est déclaré *en cachette* pour moi, & me l'a fait écrire par le Prince *de Cardonna*, Président du Conseil de *Flandres*, qui m'encourage, de sa part, *à pousser le vilain :* mais je vous prie que ce soit un secret entre vous & M. le Duc *de Biron*, mon cher Cousin !... Et n'en parlez pas aux Dames, n'étant pas nécessaire qu'elles le sachent.

J'espere que vous trouverez assez de dignité dans mes lettres.... Partant, je vous prie d'aider à M. *de Biron* à m'avoir des preuves que la lettre n°. E, dans mes expéditions, a été montrée ou donnée à M. *de M*...., par *Fonséca*, & envoyée par le Marquis *de Roissy*, à qui *Prié* l'a confiée aussi, pour la participer à ce Ministre. C'est une piece dont j'ai besoin.

Et comme M. le Baron *de Breteuil* m'a paru être de mes amis, & qu'il sera peut-être plus faufilé chez ce Ministre que vous & M. le Duc *de Biron*, il pourroit, sans faire semblant de rien, lui parler de cette lettre de *Prié*, & demander à la voir. Si l'on en peut avoir copie authentique, cela seroit bon : mais l'original seroit meilleur. En tout cas, on pourroit aussi avoir quatre personnes de rang, qui pussent témoigner que M. *de M*....

auroit dit l'avoir vue. On pourroit en tirer une copie, & lui faire glisser qu'on la tient *de Fonséca*.... Enfin, mon cher Cousin, il y a cent manieres de tirer des preuves là-dessus, que je laisse à votre tendresse, à vos lumieres, & à celles de M. le Duc *de Biron*.

Je vous prie de donner part de tout à mon ami le Duc *de Brancas*, dans sa retraite : car je connois son amitié pour moi ; mais qu'il se tranquillise sur mon compte. Je suis, &c.

Signé BONNEVAL.

LETTRE

DE J. B. ROUSSEAU,

Au Comte D***.

A Vienne, le 17 Janvier 1725.

QUELQUE fâcheuse que soit la nouvelle que j'ai à vous mander, il vaut mieux, Monsieur, que vous l'appreniez par moi que par d'autres, qui pourroient vous la rendre d'une maniere plus désagréable encore.

La

La Sentence du Conseil de Guerre tenu contre le Comte *de Bonneval*, après être restée trois semaines sur la table de l'*Empereur*, a été enfin rendue publique hier. *Sa Majesté Impériale* lui donne la démission de toutes ses charges, & le condamne à cinq ans de prison.

Cette disgrace, quelque cruelle qu'elle soit, a au moins pour lui cet adoucissement, qu'elle laisse son honneur à couvert, puisque le mot de *cassation* n'est point employé.

Ses amis sont moins consternés ici qu'on ne le seroit en France : ils ne l'abandonneront point ; & il y a lieu d'espérer que cette satisfaction appaisera ceux qu'il a offensés, pourvu qu'il se contienne, & qu'il ne fournisse point de nouvelle matiere à leur ressentiment. On aura soin de ne le laisser manquer de rien où il est. Il a du courage & des ressources; & peut-être ne sera-t-il point, dans les suites, aussi malheureux qu'il paroît l'être aujourd'hui.

Je ne saurois vous en dire davantage du lieu d'où cette lettre est datée.

Nous partons pour les *Pays-Bas*, dès que le nouveau Gouverneur sera parti, c'est-à-dire, la semaine prochaine. J'aurai l'honneur de vous écrire plus au long sur la route. Ce que j'ai l'honneur de vous écrire ici, est tout ce que je puis mander, avec sûreté, pour la consolation de Madame *de Bonneval*. J'ai le cœur très-serré en vous l'écrivant; mais je ne désespere point d'un avenir plus heureux; & je crois que vous pouvez lui communiquer la même espérance, sans craindre trop de la tromper.

Je suis, &c.

Signé ROUSSEAU.

DU MÊME, AU MÊME.

A Vienne, le 20 Janvier 1725.

CETTE lettre-ci, Monsieur, sera mise à la poste à *Ratisbonne*, par un de mes amis qui part dans le moment. Ainsi je vous y parlerai avec plus de liberté que je n'ai fait dans ma précédente.

La chûte de *Prié*, occasionnée par son affaire avec le Comte *de Bonneval*, n'auroit laissé à la colere de M. *le Prince Eugene* aucun prétexte, sans cette lettre fatale (*a*) dont il a voulu avoir satisfac-

---

(*a*) Cette lettre, dans laquelle M. *de Bonne-*

tion. L'Empereur n'a rien oublié pour le fléchir ; & tout ce que Sa Majesté a pu faire, a été de lui faire avoir cette satisfaction, en sauvant l'honneur du Général.

Le Conseil de Guerre a été dissous & remercié sans donner de sentence ; & ce n'est qu'en vertu d'une résolution de Sa Majesté, communiquée à ce même Conseil, que M. *de Bonneval* est remercié & démis de ses emplois après un an de prison.

On ne pouvoit moins faire, sans achever de mettre le Prince à bout, après la nécessité où il s'est vu lui-même de se démettre de son Gouvernement, pour un titre qui ne lui donne qu'une pension sans autorité.

Il en a eu la fievre pendant trois semaines de suite, & n'en est pas encore tout-à-fait quitte.

Je n'envisage qu'avec peine les suites de la disposition où j'ai trouvé cette Cour. Le Comte *de Bonneval* a peut-être mieux fait la sienne par son imprudence, que par tous ses services. Il est certain que

---

val reprochoit au Prince son aveugle attachement pour le Marquis *de Prié*, étoit une espece de cartel.

C ij

l'Empereur l'aime & connoît son mérite.

Je n'ose vous en dire davantage, & j'aurois même trop de peine à vous le dire!.... C'en est assez pour la consolation de Madame *de Bonneval*, à qui je vous prie de vouloir bien lire cette lettre, *avant de la jetter au feu.*

Il y a quatre mois que nous marchons sur le bord des précipices, & le moindre faux pas nous auroit perdus... Je ne puis vous représenter tous les dangers & toutes les inquiétudes où nous avons été exposés. Dieu nous a fait la grace de nous en tirer avec beaucoup d'honneur, & nous partirons d'ici avec l'estime & l'approbation des *Connoisseurs*; mais nous l'avons bien payée!

Pour ce qui me regarde, j'ai fait, depuis huit jours que j'ai commencé à y songer, ce que je n'avois pu faire en deux ans à *Bruxelles*. Le Prince a recommandé mes intérêts au Maréchal *Daun*; & je partirai la semaine prochaine, s'il plaît à Dieu, avec un décret de l'*Empereur*, pour me faire expédier une nouvelle Patente, dès que je serai arrivé à *Bruxelles*.

La premiere chose que je ferai en y arrivant, sera de vous écrire, & de vous renouveller les assurances du respect inviolable & de la reconnoissance infinie avec laquelle je serai jusqu'à la mort, &c.

Signé Rousseau.

P. S. On presse sans relâche les préparatifs du voyage de *l'Archiduchesse* (*a*). J'espere que vous verrez le Marquis *de Prié* faire, avant qu'il soit peu, une vilaine figure, malgré toute sa protection. M. le Duc *d'Aremberg* vous embrasse de tout son cœur. Il s'est fait connoître ici du Maître & de ses Ministres pour un très-habile homme ; & je puis vous assurer que ce qu'il a gagné à son voyage, vaut mieux pour sa fortune que ce qu'il a perdu.

(*a*) Nommée Gouvernante des Pays-Bas Autrichiens.

LETTRE

DE MADAME LA COMTESSE DE BONNEVAL,

à M. le Comte D***.

A la Raquette, le 8 Novembre 1725.

J'AI toujours recours à vous, Monsieur, dès qu'il m'arrive de nouveaux sujets d'inquiétude, je cours chez vous; mais on est bien sujet à vous trouver déniché.

Il me paroît que la Cour de *Vienne* a maltraité M. *de Bonneval*, en lui donnant le *Spilberg* pour habitation. Cependant je suis encore plus allarmée du séjour que M. *de Bonneval* fait à *La Haye*, en attendant un Courrier qu'il a envoyé pour recevoir des explications.... Il a donné sa parole. *La Haye* est lieu libre, par conséquent susceptible de suspicion; & des ennemis puissants & empressés à nous nuire, se peuvent servir de moins que cela pour le perdre.

Je lui ai envoyé un homme en poste, pour lui faire part de mes réflexions. J'aurois voulu une exhortation de votre part : mais vous n'êtes jamais où on vous defire.

Si vous avez eu des nouvelles, que vous ayiez deviné le Miniftre, & que de tout cela vous puiffiez m'inftruire ; vous êtes engagé en honneur & en confcience de ne pas refufer du fecours à une malheureufe de qui la fingularité de la deftinée peut intéreffer.

Je vous pourrois parler de motifs plus particuliers de vous à moi. Mais vous avez trop bon efprit pour vouloir que je vous aime : j'influerois trop fur votre fort.

Ce fera donc dorénavant mon fecret, que l'attachement fincere & fidele avec lequel je fuis, &c.

Signé BIRON-BONNEVAL.

LETTRE

DE J. B. ROUSSEAU,

au Comte D***.

A Vienne, *le* 18 *Novembre* 1725.

JE reçois, Monfieur, la lettre que vous m'avez fait l'honneur de m'écrire du 3 de ce mois ; & je vous suis encore débiteur d'une réponse à celle du 19 de l'autre.

La consternation où nous étions tous quand je la reçus, du parti que le Comte *de Bonneval* a pris *de rester à La Haye*, & le mauvais tour que cette démarche a donné ici à ses affaires, nous a fermé la bouche pour parler, & lié les mains pour écrire.

Malheureusement il ne s'est pas trouvé dans les mêmes liens !... Il a écrit en homme déchaîné ; & pour plus grande sûreté, il a envoyé ses lettres en droiture, de peur que nous ne les supprimassions si elles passoient par nos mains. M. le Duc *d'Aremberg* en a usé ainsi, tandis qu'on s'est adressé à lui ; &, en observant de ne rendre que ce qui étoit à propos, il avoit mis les affaires de notre ami sur un si bon pied, que, malgré la protection redoutable que son adversaire a ici, *il n'étoit pas bon à jetter aux chiens*; & qu'infailliblement il auroit été *cité* dès le lendemain que le Comte *de Bonneval* seroit arrivé au *Spilberg*, où nous avons su depuis, que le dessein étoit *de ne le laisser que vingt-quatre heures*, pour donner une apparence de satisfaction au Prince qui protege son ennemi, contre qui tout le reste étoit déclaré.

intéressantes. 57

M. le Duc *d'Aremberg* le mit au fait par un Courrier qui arriva auſſi-tôt que celui de la Cour.... Et jugez de notre étonnement, quand nous ſûmes le parti qu'il a pris ! & de notre embarras, quand nous avons vu dans les lettres qu'il a écrites, *recta*, au Prince *Eugene* & à M. *de Sinzendorff*, que nous étions nommés & cités tout de notre long !

Nous lui avons envoyé un ſecond Courrier, homme d'eſprit & de confiance : mais nous ne pouvons ſavoir ce qu'il aura opéré avant ſamedi prochain.

Madame la Comteſſe *de Bonneval* m'a fait l'honneur de m'écrire ; & je lui ai répondu que M. ſon mari n'avoit d'autre parti à prendre que celui de l'obéiſſance, s'il veut reſter au ſervice de l'*Empereur*. S'il perſiſte à ne point venir, il faut, ou qu'il envoye ſa démiſſion, ou qu'il s'attende à être *cité* & caſſé, s'il ne comparoît point.

S'il vient, il aura à faire au Prince qu'il a attaqué perſonnellement depuis qu'il eſt à *La Haye* ; & il eſt aiſé de juger que celui qui ſoutient ſeul un homme abhorré de tout le reſte du genre humain, ſe ſoutiendra encore mieux lui-même contre M. *de Bonneval tout ſeul.*

C v

Ainsi, ce sont *Angustiæ undique*....
Mais le moindre inconvénient est celui
d'obéir; quoiqu'il soit triste d'avoir à
changer son attaque en défense.

Son affaire avec *Prié* n'étoit rien: celui-ci avoit fait tant de sottises, que tout
le monde crioit *Tolle* contre lui; & s'il
eût été *cité*, comme cela seroit arrivé
infailliblement, il auroit eu bien d'autres
comptes à rendre que celui de son démêlé
personnel avec votre Cousin, qui (en
deux mots) a gâté ses affaires, celles de
ses amis & celles des *Pays-Bas*, &
n'a accommodé que celles du Marquis
de Prié.

Vous jugez bien qu'étant ennemi de
l'un, & ami de l'autre, je n'ai pas peu à
faire d'accorder des devoirs aussi peu
compatibles que ceux que j'ai à remplir
en ce pays-ci.

Je ferai ce que je dois, & Dieu fera
le reste: mais pourvu que je n'aye rien
à me reprocher, vous pouvez compter,
Monsieur, que je n'en perdrai pas un
coup de dent, ni un quart d'heure de
sommeil: ma coutume étant de ne m'affliger que quand j'ai tort.

Pour M. le Duc *d'Aremberg*, qui vous
embrasse avec toute la tendresse de son
ame, il ne sait pas un mot de la préten-

due ambaſſade dont vous me parlez; & certainement il n'en parlera qu'à bonnes enſeignes : car il n'eſt pas de ceux qui cherchent à vendre leur bien, *pour le voyage d'Outre-mer*; encore moins de ces bonnes gens qui font leur confeſſion au premier venu. Il fait encore moins de cas que vous de *St. Saphorin* & de leurs pareils : mais ceux-ci, qui ne gagnent leur argent qu'à barbouiller du papier, écrivent ce qui leur paſſe par la tête, ſans ſavoir la plupart du temps autre choſe que ce qu'ils imaginent.

Je vous réponds que bien-loin qu'on ait ſongé, en cette Cour, à donner des inſtructions à un Ambaſſadeur pour la *France*, on ne ſonge pas encore à y en envoyer un ; & qu'on ne commencera à y penſer, que quand M. *de Richelieu* ſera arrivé & établi à *Vienne*.

La Cour Auguſte, qui a changé à bien des égards depuis que vous en êtes parti, n'a point varié ſur le fait des lenteurs & des indéterminations ; & vous vous ſouvenez bien qu'il n'a été queſtion du Comte *de Kenigſek*, que long-temps après votre premiere audience.

Comptez qu'il en arrivera de même, & que les avis qui ſont venus de Londres, touchant les inſtructions prétendues de M. le Duc *d'Aremberg*, ne font que des fantômes de l'imagination fanatique du *Saint-Saphorin*, qui feroit très-aife que la *France*, pour qui il conferve toujours fa noble averfion, pût fe brouiller avec cette Cour, afin de rendre la fienne néceffaire à l'une & à l'autre.

Au refte, je fuis bien fâché que Madame la Princeffe *d'Epinoy* n'ait pas trouvé fon compte dans la décifion de notre *Confeil de Régence* ; mais elle en tirera au moins l'avantage de favoir à quoi s'en tenir, & de ne prendre parti qu'en connoiffance de caufe.

Je vous demande le fecret fur tout ce que je vous mande touchant notre cher Comte *de Bonneval*. Il n'a connu, ni la Cour de *France*, ni la Cour de *Vienne* : mais il a dans celle-ci une infinité d'amis qui gémiffent de ce qu'il leur a lié la langue, & qui voudroient, de tout leur cœur, qu'il la leur dénouât. Plût à Dieu qu'il ne fe fût point fait d'autres ennemis que *Prié!*

Je vous fouhaite un hyver bien chaud dans la rue *Saint-Dominique*, & un été bien frais à la guinguette que vous couchez en joue. Perfonne au monde ne s'intéreffe plus que moi à votre bonheur. Il y a long-temps que je fuis payé pour cela,

& que ma reconnoissance & mon attachement secondent le respect que je vous dois, & avec lequel je veux vivre & mourir, votre, &c.

Signé Rousseau.

LETTRE

DU BACHA COMTE DE BONNEVAL,

A son frere le Marquis, *qui lui avoit écrit de Paris, par le Chevalier* DE BEAUFREMONT, *allant à Constantinople avec les vaisseaux du Roi, commandés par M.* DE GABARET.

J'AI reçu, mon frere, la lettre que vous m'avez fait l'honneur de m'écrire par M. le Chevalier *de Beaufremont*. C'est un Cavalier qui a beaucoup de mérite. Je n'avois pas besoin de la description que vous me faites de son illustre Maison, dont vous vous dites parent, pour en être instruit; & je vous rends graces de m'avoir procuré sa connoissance. Joyeux, aimable & sans souci tel qu'il s'est présenté, j'ai senti qu'il est de ces personnes qu'on aime d'abord. Auſſi avons-nous vécu, dès le premier inſtant, comme ſi nous nous étions vus toute notre vie :

Il eſt des nœuds ſecrets, il eſt des ſympathies, &c.

Remerciez, je vous prie, le Marquis *de Rothelin*, de l'honneur de ſon ſouvenir. Dites-lui qu'il m'eſt tout auſſi cher qu'autrefois, & faites-lui bien mes compliments. Aſſurez Madame la Marquiſe & ma niece de mes reſpects ; mais pour mon neveu, le Comte, ſon époux, il n'en eſt pas digne, puiſqu'il n'eſt pas capable de vous donner des héritiers de votre nom. Mais je ſuis fort content de mon autre niece, la Marquiſe *de Charmaſel*, pour ſa fécondité, qui peuple la Cour de Marmots & de Marmottes, qui jaſent nuit & jour. Embraſſez-la de ma part, ainſi que M. le Marquis ſon époux. Vous pourriez cependant en faire autant à mon cher neveu, s'il vous promettoit de travailler à faire des enfants, non comme un homme de ſa qualité, qui ne ménage les devoirs du mariage qu'avec ſon épouſe, mais comme les Crocheteurs de la *Seine*, qui vivent de bonne foi dans le Sacrement. S'il y réuſſit, je lui rendrai mon eſtime ; car il a toujours eu mon amitié. Envoyez-le aux bains avec sa femme; qu'ils y prennent les pillules *de Bellofte;* & puis qu'ils aillent ensemble à la *Rochelle*, manger force coquillages & de bonne marée; & je leur réponds d'un gros garçon, neuf mois après.

J'irois offrir mes très-humbles services à ma niece, car j'ai plusieurs preuves de ma fécondité : mais cela m'est impossible, quant à présent. Ainsi, en attendant mieux, elle ne seroit point mal de suivre le conseil du Grand-Duc *de Toscane*, à sa fille *Catherine de Médicis*, quand elle partit pour France : *Carafiglia, à donna d'Ingagno, non manco mai figlioanza.*

Que votre belle-fille se donne bien de garde de nous donner par sa stérilité, de tristes preuves de sa vertu : les enfants d'une naissance équivoque ne sont pas les plus mauvais, témoin *Alexandre-le-Grand,* & le Prince *** dans les derniers temps, qui ressembloit si parfaitement au Marquis D***, fils unique du Maréchal D*** dans sa jeunesse, qu'on ne doutoit point qu'ils ne fussent freres.

Dieu préserve de mal tous les enfants entés dans les plus grandes Maisons, & ceux qui en descendent!... *Amen.*

Vous me reprochez, mon frere, de ne vous avoir point écrit depuis que je suis en Turquie?... Mais vous le premier, & tout le reste de mes parents, hors mon épouse, m'avez-vous donné signe de vie dans le temps de mes affaires d'Allemagne, & depuis même qu'elles ont été terminées?.... Un seul de vous tous, m'a-t-il offert le moindre service & donné la moindre marque d'amitié? quoique tout mon crime fût d'avoir appellé le Prince *** en duel, pour avoir rompu les liens de notre intime amitié, qui duroit depuis dix-huit ans, pour soutenir contre moi une imposture, qui attaquoit l'honneur d'une très-vertueuse Reine, par la seule antipathie qu'il a très fidélement nourrie toute sa vie contre l'auguste Sang de *France*, & que je lui ai reprochée mille fois dans le temps de notre familiarité, comme une foiblesse indigne de lui.

C'est pour cela seul, & non pour mon procès avec le Marquis *de Prié*, que j'ai été condamné à une année d'arrêt dans le Château *de Brin*, à la perte de mes charges dans le service de Sa Majesté Impériale, & à ne me point approcher de la Cour plus près que de deux lieues, en quelque endroit qu'elle allât : précaution que l'on prit contre ma vivacité ordinaire & naturelle, & non à perdre la tête, comme certains *Joliveurs* fabulistes l'ont débité dans mes prétendus *Mémoires.*

Vous avez, Messieurs, tous regardé mon procédé contre le Prince***, comme un attentat plein d'imprudence & de témérité; quoiqu'en Allemagne il soit fort ordinaire que les plus grands Princes offrent courageusement les premiers de faire raison aux Cavaliers de rang qu'ils ont offensés. Vous autres François, ne sortirez jamais de la sotte habitude de juger des pays étrangers, par ce qui se pratique chez vous.

Mais apprenez que la *France* est le seul pays du monde où de petits illustres osent couvrir leur poltronnerie sous le manteau de leur dignité ou de leurs emplois. Le Duc *de Lorraine*, beau-frere de l'Empereur *Léopold*, son Lieutenant-Général dans tout l'Empire, étant en *Hongrie*, à la tête de ses armées, & qui valoit bien le Prince***, de quelque côté qu'on les compare ensemble, s'est bien battu avec un simple Lieutenant de cavalerie qu'il avoit outragé, sans le connoître, dans un fourrage; & il y a mille exemples pareils.

Au reste, M. le Prince*** ayant porté sa plainte au Conseil de guerre, bien que les termes de l'appel fussent un peu équivoques, n'a obtenu sur moi d'autre avantage que ce qu'on auroit accordé, en pareil cas, au moindre Officier de l'armée. Ce Conseil est forcé de juger suivant les Ordonnances des Empereurs, quand on a recours à lui; ce qui est fort rare en *Allemagne*. Et il suffit que les équivoques puissent être interprétées comme un *appel*, pour être regardées comme tel.

L'Empereur, dans toute cette affaire, ne m'a fait ni tort, ni grace; j'ai subi la sentence tout du long, & je ne puis m'en plaindre, puisque les loix étoient contre moi. Mais qu'est-ce qu'il y a dans tout cela qui puisse me faire traiter comme si j'avois fait une action indigne de mon sang? J'ai tâché de mesurer mon épée avec celle d'un des plus braves Princes du monde, qui protégeoit les calomniateurs d'une grande Reine, de l'auguste Maison de *France*, de gaieté de cœur, & par un ancien & injuste caprice. Si tout cela étoit à refaire, je le ferois encore, au hasard même de tout ce qui m'est arrivé : car la cause que je soutenois m'égaloit pour le moins au Prince ***; & dans ce cas-là, & dans nos sentiments différents, je ne lui ferai pas l'honneur de le comparer à moi dans toute cette affaire.

Si dans notre patrie il y a des ames assez viles pour penser autrement parmi la Noblesse, elles sont peu dignes de ce rang, & ne peuvent être comparées aux fiers Germains.

Apprenez aussi que je sais, à n'en pouvoir douter, que plusieurs Rois & Princes d'Allemagne ont fort désapprouvé le procédé du Prince ***. Car ces derniers sont si braves, qu'il n'y a aucun d'eux qui n'offre le premier satisfaction à un Cavalier qu'il a offensé. Le Prince *** a bien fait voir qu'il n'étoit pas de cette généreuse nation : cependant il n'auroit rien perdu de ses lauriers en se battant avec moi, Général de l'Empereur, d'une naissance illustre, & qui avoit acquis quelque renom dans les armées.

Croyez-moi, mon frere, ces sortes de hauteurs couvrent toujours quelque foiblesse.... L'usage Germanique lui défendoit une si foible plainte; & il le savoit mieux qu'un autre, puisqu'il blâmoit auparavant tous ceux qui, dans tous les pays du monde, prenoient un parti si timide.... Je dis enfin, comme dans l'Opéra de *Phaëton* :

Il est beau qu'un Mortel jusques au ciel s'élève :
Il est beau même d'en tomber !

Dans toutes les persécutions qu'on m'a

faites, je n'ai perdu ni mon bon appétit, ni ma bonne humeur: heureux font ceux qui ont leur philosophie dans le sang!...

Mais enfin, de grade en grade, je me suis établi en *Turquie*, avec un turban de quatre livres pesant sur la tête, la barbe & l'habit long; ce qui me fait mourir de rire, quand je pense à la raison de cette mascarade, qui n'auroit naturellement pas dû me conduire jusques-là. Je dois cependant à toute ma Maison mon apologie là-dessus; & c'est à vous que je l'adresse, comme en étant le chef, sous la condition du secret.

Lorsque j'arrivai de *Venise* en *Bosnie*, Province frontiere du *Sultan*, je fus arrêté à *Serrai*, la capitale de ce pays, à la sollicitation d'un Officier de l'Empereur qui s'y trouva le jour même que j'y fis mon entrée. Les *Allemands* en étant avertis, employerent des sommes considérables pour me faire remettre entre leurs mains, comme Allemand. Après plus de quinze mois d'arrêt, (jugez pendant ce temps de mes inquiétudes!) l'ordre de me remettre entre leurs mains fut expédié. Ce fut alors que, pour ne pas tomber entre celles de mes plus cruels ennemis, (car l'un des articles du Traité

intéressantes.

de *Passarowitz* portoit, qu'on se rendroit réciproquement les sujets fugitifs des deux Empires) ce fut alors, dis-je, que je quittai le chapeau pour le turban, qui seul pouvoit me sauver.

Si l'Ambassadeur de France à *la Porte* m'eût réclamé comme *François*, on m'auroit remis, à l'instant même, entre ses mains; mais c'est ce qu'il n'a jamais voulu faire: & je n'ai pu trouver d'autres raisons en sa faveur, si ce n'est qu'étant arriere-petit-fils d'un Juif, d'une petite Cité près d'*Avignon*, il étoit ravi de pouvoir vendre un Chrétien, n'étant pas venu assez tôt au monde pour crucifier le *Messie*. Son pere étoit Marchand de draps à *Marseille*, où ses ancêtres s'étoient retirés, & où il étoit enfin parvenu, de petit Avocat, au grade de Lieutenant-Civil, avant de sauter à l'Ambassade de Constantinople.

. . . .
. . . .
. . . .
. . . .
. . . .

C'est donc à lui qu'il faut s'en prendre si je porte le *turban*. Mais sachez que je l'ai pris sans les cérémonies que l'Auteur de mes prétendus *Mémoires* a bien voulu débiter, sans doute pour amuser les lecteurs.

Vous jugerez bien aussi, avec tout le reste de l'Europe, où je suis connu comme *Gloria Patri*, qu'un homme aussi décisif & aussi déterminé que je le suis dans mes résolutions, n'auroit pas différé quinze mois à se faire *Turc*, si tel eût été mon dessein en passant dans les Etats du *Sultan*, ni que je n'aurois pas attendu le moment qu'on m'alloit livrer aux *Autrichiens*, pour me déclarer tel. Cette déclaration étoit le seul moyen de me sauver de leurs pattes : je me serois dit *Diable*, plutôt que de me voir à leur disposition!

Les raisons de mon voyage du *Levant* étoient fort sensées. Je puis dire avec plus de vérité qu'un autre : *L'homme propose, & Dieu dispose*. Je ne puis en dire davantage, parce qu'elles touchent des personnes d'un si haut caractere, qu'il ne m'est pas permis de les compromettre sans leur aveu. Sachez seulement que j'aime mieux, en dépit de l'opinion de nos tristes cagots, être où je suis, & comme je suis, que d'être mort, écorché vif & en bon Chrétien, dans l'Allemagne.

Mais je m'apperçois, trop tard que voilà une bien longue & bien sérieuse tirade pour un homme de mon humeur; & je veux l'égayer, en vous donnant une idée de ma situation, en chanson, sur un air qui convient assez bien au sujet.

CHANSON,

Sur l'Air : *Faisons-nous Mahométans, & prenons le turban.*

Bonneval n'est point décrépit,
  Comme des sots l'on dit :
  Son vin, sa maîtresse,
  Sont le joyeux support
    De sa vieillesse,
  Jusqu'au jour de sa mort.

De *France*, il fut chez l'*Allemand*;
  De-là chez le *Sultan*.
  Quoique sur terre,
  Sans habitation,
    Elle est entiere
  A sa dévotion.

Ne venez, têtes d'oisons,
  Blâmer ses actions :
  La terre ronde
  Est son vaste manoir,
    Où tout le monde
  Reconnoît son pouvoir.

Son cœur ne fut, ni ses vertus,
  De revers abattus :

Un grand courage,
 Que *Minerve* conduit,
Sauve d'un naufrage,
 Où le poltron périt.

Il s'eſt comme ſoumis les lieux
 Où l'ont conduit les Cieux :
  Tel qu'*Alexandre*,
Les peuples, à l'envi,
  Viennent ſe rendre
Et chercher ſon appui.

Alcibiade, ſi prôné,
 Comme *Bonneval* né,
  De ſa patrie
Injuſtement chaſſé,
  Pour ſon génie,
Fut par-tout careſſé.

Tel eſt votre frere cadet,
 Dont l'éloquent caquet,
  Toujours ſincere,
Sérieux ou badin,
  A l'art de plaire
A tout le genre humain.

Voilà, en ſtyle gaillard, & même un peu grivois, M. le Marquis, une eſquiſſe qui peut vous faire juger de ma ſituation en *Turquie*. Il ne reſte plus, pour achever le tableau, que de vous donner une idée de ma maniere de penſer, qui tient beaucoup de celle des anciens Philoſophes.

phes. Le voisinage de leurs tombeaux me fait souvenir de leurs sages maximes, aussi-bien que mon gros *Plutarque* qui ne me quitte point, & qui, comme vous savez, est mon ancien Bréviaire. Cet article sera encore en chanson, s'il vous plaît, puisque je suis en train d'en faire : elles viendront bonnes, médiocres ou mauvaises ; il faudra vous en contenter.

J'ai su tirer de ma raison
Cette sage leçon :
Qu'on est parjure,
Si l'on ne suit les loix
De la nature,
Jalouse de ses droits.

Sur ce solide fondement ;
Je vis joyeusement,
Sur le *Bosphore* ;
Provoquant mes desirs ;
Pour croître encore,
S'il se peut, mes plaisirs.

A l'exemple d'*Anacréon*,
Et comme lui barbon ;
— Sur le *Bosphore*,
Souvent à verre plein,
Jusqu'à l'aurore,
Je sirotte mon vin.

Cérès, *Bacchus* & les Amours
M'accompagnent toujours ;

D

Sur le *Bosphore*,
Narguant les ennemis,
Du Dieu qu'adore
Le peuple de Paris.

Si le passé n'est plus pour vous,
Gémissez, graves foux !
Sur le *Bosphore*,
Je jouis du présent....
Est bien pécore
Qui n'en fait pas autant !

Je ne doute pas, mon cher frere, que vous ne trouviez ma morale un peu légere pour un homme de mon âge ; surtout si, comme moi, vous n'avez pas la force de voir dégringoler votre machine vers le tombeau, pendant que votre ame, sur le haut du précipice, goûte la joie & les plaisirs, & jouit d'une tranquillité parfaite à l'aspect d'un sort inévitable à tout ce qui est né. Mon opinion est donc, que Dieu n'a rien décrété qui ne soit bon & utile ; & que, par conséquent, la mort n'est pas seulement un mal imaginaire, mais qu'elle doit être un bien, puisqu'elle entre dans l'ordre général & universel établi par le Créateur de toutes choses.

C'est sur cette vérité incontestable que je profite joyeusement de la vie, qui s'en fuit comme un éclair, & qu'il ne m'a donnée que pour ma préfente félicité. Sur quoi je répete fouvent ces deux derniers vers de l'Ode de *Malherbe*, fur la mort :

Vouloir ce que Dieu veut eft l'unique reffource
Qui nous met en repos.

Au furplus, je me porte parfaitement bien : je n'ai ni goutte, ni toux, ni gravelle ; je monte à cheval comme à vingt ans, & prends, à pieds, un exercice raifonnable. Mais le démon qui tourmentoit *Saint Paul*, jufqu'à lui donner des foufflets, m'a quitté, dont je fuis bien marri ! il eft vrai qu'il vient encore, de temps en temps, les matins, me rendre vifite.... Mais, paffons là-deffus.

Mon ancienne paffion pour la guerre fe réveille quelquefois, étant encore affez vigoureux pour faire plus d'une campagne. Mais, pour vous dire la vérité, le dernier Maître que j'ai fervi m'ayant dégoûté de prefque toutes les Cours du monde, il faudroit que j'euffe le choix du Souverain pour m'engager encore ; & peut-être que celui que je choifirois, ne voudroit pas de moi ?... Ici, je fais ce que je veux, je vis comme bon me femble, rien ne me manque ; j'ai même assez pour contenter mon humeur prodigue, que toute la terre m'a reprochée. Il est vrai cependant que la vie trop tranquille que je mene paroît quelquefois étrange à un homme, qui, comme moi, a vécu depuis son enfance dans le tumulte des armées & le fracas du grand monde ; & que, sans mes livres, dont j'ai une raisonnable provision, j'aurois peu d'amusements conformes à mon goût. Ne croyez pas pourtant que je sois mécontent de mon sort ; les deux derniers vers du Sonnet de *Job*, de *Benserade*, viennent ici tout à propos ; après avoir décrit les maux de ce saint homme, il finit ainsi :

Il s'en plaignit, il en parla :
J'en connois de plus misérables.

Au reste, mon frere, il faut que j'aie fait, sans m'en être apperçu, une grande provision de bonne renommée dans les pays Chrétiens, puisque, malgré ma situation extravagante, je reçois ici des amitiés de tout ce qu'il y a de plus grand & de meilleur en Allemagne, & que même les *Autrichiens* ne m'ont pas refusé, auprès des Ministres du *Sultan*, des louanges, qui, comme vous le croyez bien, n'ont point été mendiées? Mais ce qui vous paroîtra plus surprenant, c'est que divers Cardinaux, Archevêques & Evêques, autrefois de mes amis, me donnent, quand ils en ont l'occasion, des témoignages très-sinceres de la continuation de leur estime & de leur amitié; que plusieurs Têtes couronnées m'ont fait le même honneur; que les Ministres Chrétiens qui sont ici, & qui sont presque tous de mes amis, auront sans doute divulgué, de vos côtés, que je suis le même Comte *de Bonneval* d'autre fois, & que *l'habit ne fait pas le Moine*. Il n'y a que ce petit Ambassadeur auquel je n'ai jamais pu m'accoutumer; nos sentiments & nos humeurs étoient antipathiques: ce qui n'a pas empêché qu'en toute occasion, je n'aie cherché d'établir, dans ce pays-ci, les affaires, conformément à la gloire & aux intérêts de *S. M. T. C.* Les deux Ministres de *Suede* à la *Porte*, sont témoins que c'est moi qui ai fait accepter la médiation de notre grand Monarque, après l'avoir proposée, de mon côté, au *Grand-Visir*, voyant que celle des deux Ambassadeurs d'*Angleterre* & de *Hollande*, qu'on avoit déja acceptée, n'en étoient pas trop affamés. Cependant l'Ambassadeur François a fait sonner bien haut

D iij

son crédit dans la réuſſite de cette affaire, qui n'a pourtant d'autre ſource que moi.

Je méditois, depuis long-temps, l'alliance de la *Suede* avec le *Sultan* : la compétence des deux Ambaſſadeurs d'*Angleterre* & de *Hollande*, comme médiateurs, m'embarraſſoit. Je crus, en leur ſubſtituant un Ambaſſadeur de *France*, trouver tout l'appui dont j'avois beſoin, à cauſe de l'ancienne alliance des *Suédois* avec notre Couronne. Mais à peine vit-il ſon auguſte Maître accepté pour médiateur, qu'il me fit exiler.

. . . .
. . . .
. . . .

Cependant, mon cher frere, perſonne ne peut ignorer que les Moſcovites ſont les plus grands ennemis de la France, & que les *Suédois* ſont les plus anciens & les plus ſinceres alliés de notre Couronne.

. . . .
. . . .

Tel eſt le Miniſtre que nous perdons. Son ſucceſſeur eſt arrivé ici depuis un mois : c'eſt M. le Comte *de Caſtellane*, homme de guerre, & d'une grande Maison. Je n'ai encore aucune connoissance avec lui. S'il suit les inspirations de l'autre, nous n'aurons pas grand commerce ensemble. Je me tiendrai en repos, en attendant qu'il puisse souhaiter que je sois de ses amis : ce qui ne nuira problablement pas à ses affaires.

Adieu, mon frere; ma lettre est fort longue, & peut-être ennuyeuse : il y a de tout, pour contenter les fantasques. J'ai été bien-aise de vous mettre au fait de mes affaires avec l'Ambassadeur de France, pour vous mettre en état de me défendre où vous êtes, en cas que l'on m'attaque. Tout ce que je vous en mande est vrai : le Ministre de *Suede* à *Paris*, M. le Comte *de Tessin*, vous peut donner les preuves de la plupart des faits que j'avance ici. Au surplus, portez-vous bien, & souvenez-vous qu'il n'y a que fadaises en ce bas monde, distinguées en gaillardes, sérieuses, politiques, juridiques, ecclésiastiques, savantes, tristes, &c. &c. &c. Mais qu'il n'y a que les premieres, & de se tenir toujours le ventre libre, qui fassent vivre joyeusement & long-temps.

Je suis, &c.

EXTRAIT
DU MÉMORIAL,
OU
DU RECUEIL D'ANECDOTES

*De M. Duc.... S. P. de l'A. F. &
H. de F.* (*a*).

LE Régent vouloit se délivrer du Cardinal *Albéroni*, (qui le gênoit trop en Espagne).

L'Abbé *Du Bois*, instruit par ses espions de l'ascendant que *Laura* avoit sur l'esprit de la Reine, entreprit de s'en servir pour perdre le Ministre. Il fit offrir à *Laura* tout l'argent qu'elle voudroit : l'intérêt réuni à la haine, détermina la

___

(*a*) Ces Anecdotes sont tirées du Manuscrit original d'un Homme de Lettres, très-instruit, qui a vécu dans le plus grand monde, & qui, par état, avoit intérêt de chercher la vérité des Faits servant à l'Histoire, & beaucoup plus connu par l'excès de sa franchise que par celui de sa crédulité.

nourrice. Le 5 Décembre, *Albéroni* reçut, par un billet de *Philippe V*, ordre de fortir en vingt quatre heures de *Madrid*, & dans quinze jours de fa domination.

Albéroni partit avec des richeffes immenfes... Il y avoit déja deux jours qu'il étoit en marche, lorfqu'on s'apperçut qu'il emportoit le Teftament de *Charles II*, qui inftituoit *Philippe V* héritier de la Monarchie.

Il fallut ufer de violence pour l'obliger à rendre ce Teftament. Il avoit, fans doute, envie de gagner la protection de l'Empereur, en lui remettant ce titre précieux.

Albéroni devant traverfer la France, le Chevalier *de Marcion* eut ordre d'aller le prendre à la frontiere, de ne le quitter qu'à l'embarquement, & de ne pas fouffrir qu'il lui fût rendu aucun honneur fur fon paffage.

Le Cardinal fe rendit à *Parme*, n'ofant s'expofer au reffentiment du Pape. Ce ne fut qu'en 1721, à la mort de *Clément XI*, qu'il fut à Rome pour le *Conclave*.

En paffant par la France, il eut l'audace d'écrire au *Régent*, dont il avoit mérité l'indignation, & de lui offrir de faire à l'*Espagne* la guerre la plus dangereuse. Le Régent montra sa lettre, & ne l'honora pas même d'une réponse.

Chamillard, (depuis Ministre d'Etat) Rapporteur d'un procès injustement perdu par sa négligence, rendit à la partie 20000 livres dont il s'agissoit, & renonça à sa profession.

Louis XIV étoit étonné de la stupidité d'un Ambassadeur à sa Cour : *Vous verrez, Sire,* (lui dit le Comte *de Grammont*) *que c'est le parent de quelques Ministres !*

Après la bataille d'*Hochstedt*, *Marlborough* ayant reconnu parmi les prisonniers blessés un soldat qu'il avoit remarqué pendant l'action, lui dit : *Si ton Maître avoit beaucoup de soldats comme toi, il seroit invincible... Ce ne sont pas des soldats comme moi qui lui manquent,* (répondit ce brave homme) *mais des Généraux comme vous.*

Louis XIV résista long-temps à la proposition du *dixieme*. Le Jésuite *Le Tellier*, son Confesseur, le détermina à mettre cet impôt, en l'assurant qu'il étoit le maître & le propriétaire de tous les biens du Royaume.

En 1701, il arriva, par la *Flotille*, pour le Général des Jésuites, plusieurs caisses de chocolat. La pesanteur ne répondant pas à l'étiquette, on les ouvrit; & l'on trouva des billes d'or, dont on fit de la monnoie pour payer les troupes.

Les maximes du Duc *de Bourgogne* étoient : Que les Rois sont faits pour les peuples, & non les peuples pour eux : Qu'ils doivent punir avec justice, parce qu'ils sont les gardiens & les manutenteurs des Loix; donner des récompenses, parce que ce sont des dettes; jamais de pensions, parce que n'ayant rien à eux, ce ne peut être qu'aux dépens des peuples. Et il avoit le courage de les débiter au milieu du sallon de *Marly*.

Madame la Duchesse *de Bourgogne* disoit un jour à Madame *de Maintenon*, devant le Roi : ,, Savez-vous, ma tante, ,, pourquoi les Reines d'Angleterre gou- ,, vernent mieux que les Rois ? C'est que ,, des hommes gouvernent sous le regne ,, des femmes, & les femmes sous celui ,, des hommes ".

„ Avec qui voulez-vous que je joue? (disoit la même, au sallon de *Marly*, pendant la guerre), „ avec des femmes „ qui tremblent pour leurs maris & leurs „ enfants, & moi qui tremble pour „ l'Etat"?

Anciennement on faisoit, à Rome, des obseques pour nos Rois, & à Paris pour les Papes. Rome les refusa pour *Henri III*; & on cessa de les faire à Paris pour les Papes.

Louis XV ayant la petite-vérole au mois d'Octobre 1728, & le Courrier de France ayant manqué un jour, en Espagne, *Philippe V* supposa que le Roi, son neveu, étoit mort. Il fit aussi-tôt assembler la *Junte*, & déclara qu'il alloit passer en France avec le deuxieme de ses fils, laissant la Couronne d'Espagne au Prince des *Asturies*, qui fit dans la chapelle sa renonciation en forme à celle de France. Ses ordres étoient donnés pour partir le lendemain. Mais le Courrier apporta la nouvelle de la convalescence.

Le Cordon bleu donné à l'Abbé *d'Estrées*, à son rappel de l'Ambassade d'Espagne, est le premier exemple de cette grace accordée à un Ecclésiastique non Prélat.

Mylord *Stair*, Ambassadeur d'Angleterre, s'étant un jour échappé, devant M. de *Torci*, en propos sur *Louis XIV*, *Torci* lui dit froidement : „ M. l'Ambassa-
„ deur, tant que vos insolences n'ont re-
„ gardé que moi, je les ai passées, pour
„ le bien de la paix ; mais si jamais, en
„ me parlant, vous vous écartez du res-
„ pect qui est dû au Roi, je vous ferai
„ jetter par la fenêtre ".

Le Roi de *Sardaigne*, *Victor-Amédée*, dit à un de nos Ministres, vivant encore : „ Que son Confesseur, *Jésuite*,
„ étant au lit de la mort, le fit prier de
„ le venir voir, & que le mourant lui
„ tint ce discours : *Sire, j'ai été comblé*
„ *de vos bontés ; je veux vous en mar-*
„ *quer ma reconnoissance. Ne prenez*
„ *jamais de Confesseur Jésuite?... Ne*
„ *me faites point de questions, je n'y ré-*
„ *pondrois pas* ".

Le Cardinal *d'Auvergne* disoit un jour naïvement : „ Tous mes Domestiques,
„ excepté l'Evêque de *Mécenes*, ont été
„ malades cet hyver " !

Le Cardinal *de Janson* avoit été Chapelain du Marquis *de Laigle*. Il garda sa Chapelle, par reconnoissance, dans son élévation.

Louvois ayant été traité fort durement au sujet d'une fenêtre d'un bâtiment qu'il faisoit faire pour le Roi, rentra chez lui, la rage dans le cœur, & en exhalant sa fureur devant *Tilladet*, *Saint-Pouange* & *Villacerf* : ,, Si je ne donne de l'oc-
,, cupation (s'écria-t-il) à un homme
,, qui se transporte pour des *miseres*, je
,, suis perdu ! Il n'y a que la guerre qui
,, puisse le tirer de ses bâtiments. Par-
,, dieu ! il en aura, puisqu'il lui en faut
,, ou à moi ".

La fameuse *Ligue d'Ausbourg* fut désunie en conséquence, & l'Europe entiere embrasée, parce qu'une fenêtre étoit trop large ou trop étroite !

Avant *Louvois*, les Secretaires d'Etat étoient dans l'usage d'écrire *Monseigneur*, aux Ducs & aux Grands Officiers de la Couronne. Il fut le premier qui supprima ce protocole. Il fit plus, il exigea le *Monseigneur* pour lui, de la part de tous ceux à qui il ne le donnoit pas précédemment. Le Marquis *d'Ambre*, Lieutenant-Général, fut forcé de renoncer au service, pour n'avoir pas voulu s'y soumettre.

Anciennement, un Duc devenu Maréchal de France, ne quittoit pas ce premier titre pour prendre le second.

Louvois fut empoisonné. Le poison fut mis dans son pot à l'eau par *Serca*, son Médecin. On a ignoré qui l'avoit engagé à ce crime.

A la mort de *Louvois*, le Roi envoya chercher *Chamlay*, & lui offrit la place de Secretaire d'Etat de la guerre, quoique *Barbézieux* en eût la survivance. Il remercia le Roi, & lui dit : ,, Si Votre ,, Majesté ne veut pas donner absolument ,, la place au fils, je la supplie de nommer ,, tout autre que moi, qui ne peux ,, me revêtir de la dépouille du pere, ,, mon ami & mon bienfaiteur ''.

La haine de *Louis XIV* pour le Prince *d'Orange*, venoit du refus qu'il avoit fait d'épouser sa fille & de Madame *de la Valiere*, depuis Princesse *de Conti*.

Le Prince *d'Orange*, n'étant encore que *Stadthouder*, se trouvant à la représentation d'un Opéra, dont le Prologue étoit à sa louange; après avoir entendu le début de l'Auteur : ,, Qu'on me chasse ,, ce coquin, (dit-il) me prend-il pour ,, le Roi de France "?

Le Prince *Eugene*, après la bataille *d'Hochstedt*, invita les prisonniers François à un Opéra; & au-lieu d'une Piece suivie, fit chanter cinq Prologues de *Quinault* à la louange de *Louis XIV*. ,, Vous ,, voyez (dit-il) Messieurs, que j'ai- ,, me à entendre les louanges de votre ,, Maître "?

Le vieux Maréchal *de Villeroi*, qui avoit été Gouverneur de *Louis XV*, disoit : ,, Il faut tenir le pot de chambre ,, aux Ministres tant qu'ils sont en place, ,, & le leur verser sur la tête quand ils ,, n'y sont plus ". Il ajoutoit : ,, Quel- ,, que Ministre des Finances qui vienne ,, en place, je déclare d'avance que je ,, suis son ami, & même un peu son pa- ,, rent ".

Le Duc *de Grammont*, fils du premier Maréchal, demanda au Roi *Louis XIV*, un brevet d'Historiographe, & savoit bien ce qu'il faisoit.

Les pensions que *Louis XIV* donnoit aux Gens de Lettres se montoient à 66300 livres, dont 14000 livres aux étrangers. Tous ceux qui en reçurent reconnurent, sans autre examen, & annoncerent ce Prince pour *Louis-le-Grand*. Les trompettes de la Renommée ne sont pas cheres !

On fut fort étonné, à la mort de *Louis XIV*, de voir draper le premier Président *de Mesmes*. On avoit déja trouvé fort ridicule que trois ou quatre Magistrats du Conseil eussent porté des *pleureuses* à la mort de *Monseigneur*.

A la signature du traité de *Bade*, *La Houssaye*, Conseiller d'Etat, troisieme Ambassadeur, avec le Maréchal *de Villars* & le Comte *Du Luc*, prétendit signer avant le Comte, & ne devoir céder qu'à gens titrés. On rappella *La Houssaye*, & on envoya à sa place *Saint-Contest*, Maître des Requêtes.

D'après cet exemple, les Conseillers d'Etat demanderent la préséance sur le

Marquis *d'Effiat*, premier Ecuyer de *Monsieur*, & Chevalier des Ordres du Roi, mais non titré. Le *Régent* n'imagina d'autre expédient que de créer *d'Effiat* Vice-Président du Conseil des Finances.

Le Duc de *Noailles*, Président du Conseil des Finances, dit un jour, en plein Conseil & en préfence du *Régent*, à *Rouillé du Coudrai*, Membre de ce Conseil, honnête homme, mais fort ivrogne: ,, M. *Rouillé*, il y a là de la bouteille?.... ,, Cela se peut, M. le Duc (répondit ,, *Rouillé*); mais il n'y a jamais de *pot* ,, *de vin* ''.

Une Compagnie de *Traitants* préfentoit à *Rouillé* une lifte des Associés, où il y avoit des noms *en blanc*. Il en demanda la raison? Ils lui répondirent, que c'étoit des *places* dont il pouvoit difpofer. ,, Mais si je partage avec vous (leur ,, dit-il), comment pourrai-je vous faire ,, pendre, dans le cas où vous feriez des ,, frippons'' ?

La Duchesse *de Berry* parut un jour à *l'Opéra* sous un dais; le lendemain à la Comédie, quatre de ses Gardes sur le théâtre, les autres dans le parterre. Le cri fut général. Si elle eût continué, elle eût fait déserter le parterre. Elle prit son parti, & se renferma dans sa *petite loge*.

Le Chevalier *de Bouillon*, qui se faisoit nommer le Prince *d'Auvergne*, donna le projet du *Bal de l'Opéra*, & eut 6000 livres de pension pour son droit d'avis.

Le Comte *de Stair*, Ambassadeur d'Angleterre, ayant appris que le *prétendant* devoit partir de *Chaillot*, où il étoit caché, pour se rendre en *Bretagne*, & s'embarquer pour l'*Ecosse*, afin de se mettre à la tête de son parti, demanda au *Régent* de faire arrêter ce Prince, qui devoit passer à *Château-Thierry*.

Le *Régent*, voulant à la fois fomenter les troubles *d'Ecosse*, & faire montre de zele pour le Roi *George*, donna, en présence de l'Ambassadeur, des ordres à *Contades*, Major des Gardes, d'aller à *Château-Thierry*, & de prendre le *Prétendant* à son passage. *Contades*, homme intelligent, devinant les intentions du Prince, partit le 3 Novembre 1715, bien résolu de ne pas trouver ce qu'il cherchoit.

Stair, se fiant peu aux démonstrations du Régent, résolut de délivrer le Roi *George* de ses inquiétudes par un coup de scélérat. Il chargea *Douglas*, Colonel Irlandois au service de France, d'aller s'embusquer à *Nonancourt* avec trois assassins. Ils demanderent, en y arrivant, avec tant de vivacité, si l'on n'avoit pas vu passer une chaise de poste qu'ils désignoient, qu'ils en devinrent suspects à la nommée *l'Hôpital*, maîtresse de la poste, femme d'esprit & de résolution.... (La nouvelle du voyage du *Prétendant* s'étoit répandue depuis qu'il avoit disparu de *Bar*).

L'empressement de ces Courriers, reconnus pour *Anglois*, lui fit soupçonner qu'ils avoient de mauvais desseins. En effet, on a su depuis que les trois Satellites de *Douglas* étoient des scélérats déterminés, qui, avant de partir de *Londres*, avoient fait leur marché pour leur famille, au cas qu'ils fussent pris & exécutés.

La Maîtresse de la poste les assura qu'il n'étoit point passé de chaise, & qu'il étoit impossible qu'il en passât sans relayer.

Douglas, après être resté long-temps

& inutilement fur la porte, fortit avec un de fes gens pour aller en-avant fur le chemin de *Bretagne*, & laiffa les deux autres dans la maifon.

La *l'Hôpital*, dès cet inftant, fit partir, par une porte de derriere, un poftillon, pour aller fur la route de Paris au devant de la chaife, & la détourner chez une de fes amies.

Pendant qu'un des gens de *Douglas* s'étoit jetté fur un lit, l'autre faifoit fentinelle à la porte. Elle engagea un poftillon affidé à le faire boire & à l'enivrer. Alors elle enferma celui qui dormoit, & envoya avertir la Juftice & la Maréchauffée, qui arrêterent les deux *Anglois* qui fe réclamerent de leur Ambaffadeur; à quoi on leur répondit, que jufqu'à ce qu'ils euffent juftifié qu'ils appartenoient à l'Ambaffadeur, ils refteroient en prifon.

Pendant ce temps-là, le *Prétendant* arriva, & fut conduit dans la maifon indiquée par la *l'Hôpital*, où elle alla le trouver, & lui apprendre ce qui venoit de fe paffer. Ce Prince, pénétré de reconnoiffance, ne diffimula point qui il étoit, & demeura caché à *Nonancourt* en attendant qu'on prît des mefures contre ceux qui n'étoient pas arrêtés.

Douglas, inftruit de ce qui venoit

d'arriver, s'en revint, au plus vîte, à Paris.

Peu de jours après, le *Prétendant* partit, déguisé en Ecclésiastique, dans une chaise que lui procura sa Libératrice.

Le Prince lui donna une lettre pour la Reine d'Angleterre, à qui elle alla rendre compte de l'aventure à *Saint-Germain*.

Cette Princesse lui donna son portrait; le *Prétendant* lui envoya aussi le sien: la situation de la mere & du fils ne leur permettant pas d'autres marques de reconnoissance.

La bonne *l'Hôpital*, contente du service qu'elle avoit rendu, ne demanda rien au *Régent* de ce qu'elle avoit dépensé.

Elle resta vingt-cinq ans Maîtresse de la poste, que son fils tient encore.

L'audacieux *Stair*, pour voiler son crime, ayant eu l'impudence de parler de l'emprisonnement de ses assassins, comme d'un attentat *au droit des gens*; le *Régent* lui fit sentir combien, pour son honneur, il lui convenoit de se taire; & il se tut.

La Duchesse *de Berry*, ennuyée du

deuil de *Louis XIV*, obligea le *Régent* de réduire tous les deuils à moitié, à l'occasion de celui de la Reine de *Suede*.

Les Comédiens Italiens, qui avoient été chassés à l'occasion de la Piece de la *Fausse Prude*, dont le public fit l'application à Madame *de Maintenon*, revinrent en 1716, sous le titre de Comédiens de M. le *Régent*, sous l'inspection de *Rouillé du Coudray*, & indépendants des premiers Gentilshommes de la Chambre.

Le *Czar Pierre* avoit conçu le dessein d'allier la *Russie*, par des mariages, avec les Maisons de *France* & d'*Autriche*. Il jugea que la différence de Religion y seroit un obstacle. Il pensa aussi que la Religion *Grecque* n'étant pas fort éloignée de la Romaine, il ne lui seroit pas difficile de faire adopter celle-ci par ses sujets. Pour cet effet, il envoya *Kourakin* à *Rome*, & l'y retint trois ans sans conclure, y vivant en grand Seigneur, & à portée de s'instruire des principes de la Cour de Rome, & de sa conduite avec les Puissances Catholiques.

Le Clergé Romain, loin de cacher

ses prétentions, les étala si indiscretement, que *Kourakin*, à son retour, n'eut rien de satisfaisant à dire à son Maître.

Ainsi la Cour de *Rome* ne manqua une aussi belle occasion, que par les mêmes maximes qui lui ont fait perdre tant d'autres Etats.

Lorsque le *Czar* vint en France, il y fit fort peu de cas de toutes les choses d'agrément, & donna beaucoup d'attention à toutes celles qui tendent à l'utilité. Il fut fort sensible à une galanterie que lui fit le Duc *d'Antin*, de faire trouver dans sa salle à manger, sous un dais, le portrait de la *Czarine*. Il ne fut pas moins content de celle qu'on lui fit à la Monnoie des *Médailles*.

Après avoir examiné la structure, la force & le jeu du balancier, il se joignit aux ouvriers pour le mettre en mouvement & frapper une médaille.... Mais quelle fut sa surprise, quand il vit sortir de dessous le coin son portrait, supérieur pour la ressemblance & pour l'art à toutes les médailles qui avoient été frappées pour lui !

Il fut également satisfait du *revers* : c'étoit une Renommée passant du Nord au Midi, avec ces mots de *Virgile* : *Vires acquirit eundo*.

Il témoigna une grande envie de faire avec nous une alliance d'amitié : mais cela ne s'accordoit pas avec le plan de politique du Cardinal *Dubois*.

Il s'attendrit beaucoup en partant de la France, & dit qu'il voyoit avec douleur, qu'elle ne tarderoit pas à se perdre par le luxe.

Le Cardinal *Albéroni*, pendant une maladie du Roi d'*Espagne*, avoit donné ordre à l'Huissier de la Chambre de ne pas laisser entrer le Marquis *de Villena*, Majordome-Major, dont le devoir & le droit étoient d'assister à la préparation & à l'administration de tous les remedes.

Le Marquis s'étant présenté pour entrer & faire sa charge, l'Huissier, entrebâillant la porte, lui dit l'ordre qu'il avoit reçu. Le Marquis le traite d'insolent, pousse la porte, & s'avance vers le lit du Roi, qui étoit trop mal pour s'en appercevoir. *Albéroni*, voyant le Marquis, court au-devant de lui, veut en vain lui persuader de sortir, & le prend par le bras pour l'y forcer. *Villena*, fort goutteux, se débattant contre le Cardinal, tombe dans un fauteuil, saisit le Cardinal par la manche, lui applique sur les épaules & sur les oreilles nombre de coup de

canne, en le traitant de petit preſtolet &
de faquin, à qui il apprendroit le reſpect
qu'il lui devoit. Le Cardinal ſe débar-
raſſe enfin des mains du Marquis, & ſe
réfugie auprès du lit, ſans que la Reine, par dignité, & ſes domeſtiques, par
un plaiſir ſecret, fuſſent ſortis de leurs places. Mais à peine fut-il rentré chez lui,
qu'il reçut ordre de ſe rendre dans ſes
terres.

N. B. Le Cardinal n'avoit oſé recourir
aux *Cenſures*, dans la crainte de rendre
l'aventure publique, mais qui ne le devint pas moins.

Le *Régent* acheta, dans ce temps, pour
la Couronne, le diamant le plus gros &
le plus parfait qu'il y ait en *Europe*.
On le nomma le *Régent*, quelquefois le
Pitt, du nom du vendeur, beau-frere
de *Stanhope*, Secretaire d'Etat, oncle
du célebre *Pitt* d'aujourd'hui. On en
demandoit quatre millions; mais, faute
d'acheteurs, on le donna pour deux.

Pitt l'avoit acheté d'un ouvrier des
mines du *Mogol*. On le préfere à la fa-
meuſe perle d'*Eſpagne*, nommée la *Pé-
régrine*, & au plat d'une ſeule éme-
raude de *Genes*.

Le *Régent* accorde, cette année (1718) le traitement de *Majesté* au Roi de *Danemarck*, & le titre de *Hautes-Puissances* aux Etats-Généraux de *Hollande*.

D'Argenson, nouveau Garde-des Sceaux, demande le tabouret pour sa femme, & l'obtient. C'est la premiere qui l'ait eu à titre de femme de Garde-des-Sceaux.

Le *Régent* refuse de se mêler du choix d'un premier Médecin du Roi ; seulement à titre d'exclusion à *Chirac*, son propre Médecin ; & à *Boudin*, pour les insolents propos qu'il avoit tenus contre lui à la mort du Duc *de Bourgogne*.
La place fut donnée à *Dodart*.

L'Abbé *de Saint-Pierre*, Aumônier de *Mademoiselle*, ayant donné son livre dans lequel il faisoit valoir l'avantage de la pluralité des Conseils, les ennemis de la *Régence* voulurent voir dans l'ouvrage une satyre du Gouvernement de *Louis XIV*, & tâcherent de mortifier le *Régent* dans un Officier de sa Maison. Mais ne pouvant rien faire de juridique contre l'Abbé, ils cabalerent dans l'Académie, dont il étoit Membre, pour l'en faire exclure.

Il n'en resta pas moins l'ami des Académiciens Lettrés, qui obtinrent que sa place ne seroit remplie qu'à sa mort.

Le Manifeste contre l'*Espagne* fut fait par *Fontenelle*, sur les Mémoires de l'Abbé *Dubois*.

Dans ce temps, parurent les *Philippiques* : la *Grange-Chancel* en étoit l'auteur. Il fut envoyé aux *Isles Sainte-Marguerite*, d'où il sortit pendant la *Régence* même, & se montra librement dans Paris, pour détruire, probablement, l'opinion où l'on étoit, que le *Régent* l'avoit fait assassiner. Un Auteur qui auroit fait moitié moins contre une C...., ou une P...., seroit envoyé aux galeres.

La Duchesse *de Berry* s'avisa de recevoir la visite de l'Ambassadeur de *Venise*, placée dans un fauteuil sur une estrade de trois marches. L'Ambassadeur, surpris, fit une révérence, tourna le dos, & sortit sans dire un mot. Il assembla, le jour même, les Ministres étrangers; & tous déclarerent publiquement, qu'aucun d'eux ne remettroit les pieds chez la Princesse.

Berthelot de Pléneuf, enrichi dans les vivres & les hôpitaux de l'armée, s'enfuit à *Turin*, lors de la Chambre de Justice.

Comme il n'avoit pas moins l'esprit d'intrigue que celui d'affaire, il se lia avec les Commis des Bureaux, s'insinua auprès des Ministres de cette Cour; &, pour se faire un mérite qui pût lui procurer un retour agréable à Paris, il entreprit de négocier le mariage de Mademoiselle *de Valois*, avec le Prince de *Piémont*, fils du Roi *Victor-Amédée*.

Quand il vit sa proposition assez bien reçue à *Turin*, il chargea sa femme, qu'il avoit laissée à Paris, d'en instruire le *Régent*, qui goûta fort ce mariage, & chargea l'Abbé *Dubois* de suivre cette affaire.

Il ne pouvoit s'adresser plus mal: l'Abbé, dans le dessein de se rendre agréable à l'*Empereur*, dont la protection devoit lui procurer le chapeau de Cardinal, favorisoit le projet que ce Prince avoit d'enlever la *Sicile* au Roi *Victor*. Il n'avoit donc garde de laisser prendre au *Régent* aucun engagement avec la Cour de *Turin*. Il prit pourtant le parti de montrer beaucoup d'ardeur pour ce mariage; & cependant de le faire échouer.

Pendant qu'on négocioit cette alliance, Mademoiselle *de Valois* s'étoit prise de passion pour le Duc *de Richelieu*; & la chose fit assez d'éclat pour que *Madame* (mere du *Régent*) en fût instruite. Elle le prit avec autant de hauteur que de vertu; & fit avertir le Duc, s'il se soucioit de ses jours, de ne pas approcher des lieux où seroit sa petite-fille; & le Duc fut assez prudent pour ne pas négliger l'avis.

L'Abbé *Dubois* saisit ce moment pour laisser transpirer ce qui se négocioit du mariage avec le Prince de *Piémont*. Cela fut jusqu'à *Madame* qui entretenoit avec la Reine de *Sicile*, une correspondance d'amitié assez suivie; & elle n'eut rien de plus pressé que d'écrire à cette Reine, qu'elle étoit trop de ses amies pour penser à lui faire un aussi mauvais présent que Mademoiselle *de Valois*. Quelques jours après, elle crut même devoir faire part au Duc & à la Duchesse *d'Orléans*, du bel acte de franchise qu'elle avoit fait. Madame la Duchesse *d'Orléans* en fut au désespoir, Mademoiselle *de Valois* ne s'en soucia guere, l'Abbé *Dubois* joua le plus fâché, & le *Régent* ne fit que rire de l'incartade Allemande de sa mere.

Mademoiselle *de Valois* épousa ensuite

le Duc *de Modene*, & profita de la leçon que lui donna la Grande-Duchesse *de Toscane*, lorsqu'elles prirent congé l'une de l'autre : „ Mon enfant, lui dit cette „ Princesse, faites comme moi, ayez „ deux ou trois enfants, & de-là tâchez „ de revenir en *France* ; il n'y a que ce „ pays-là de bon pour nous ".

Avant que de partir pour *Modene*, où elle alloit à son grand regret, Mademoiselle *de Valois* obtint la grace du Duc *de Richelieu*.

Law, n'ayant pu appuyer son *système* de l'approbation du Parlement, conçut le projet de l'anéantir. Appuyé de l'Abbé *Dubois* & du Duc *de la Force*, il persuada au *Régent* de rembourser, *en papier*, toutes les charges de judicature : moyennant quoi le Roi deviendroit maître des Parlements.

Pécoil, qui avoit fait fortune en commençant par les plus bas emplois de la *Gabelle*, ne songeant qu'à accumuler de nouvelles richesses, fit construire, dans l'endroit le plus retiré de sa maison, un caveau qui fermoit à trois portes, & dont la derniere étoit de fer.

Il y alloit de temps en temps jouir de

la vue de son trésor; & quoique ce fût le plus secretement qu'il pût, sa femme & son fils en eurent enfin connoissance.

Un jour qu'il y étoit allé, de grand matin, & qu'on le croyoit sorti, sa famille ne l'ayant point vu rentrer le soir; après avoir le lendemain fait enfoncer les portes du caveau, & ouvrir celle de fer, dont la clef étoit restée en-dehors, trouva le malheureux vieillard étendu entre ses coffres, les deux bras rongés, & une lanterne à côté de lui, dont la chandelle étoit éteinte.

Sa femme ne tarda pas à quitter *Lyon*, où la scene s'étoit passée, & vint s'établir à *Paris* avec son fils, qui épousa une fille de *Le Gendre*, de *Rouen*, & acheta une charge de Maître des Requêtes; lequel ne laissa qu'une fille (*a*), mariée au Duc *de Brissac*, frere aîné de celui d'aujourd'hui.

Law, devenu Catholique en 1720, fut naturalisé & nommé Contrôleur-Général.

Le Prince *de Conti* lui joua le tour d'envoyer à la Banque demander le paye-

---

(*a*) Morte en 1720.

ment d'une si grande quantité de billets, qu'on en ramena trois fourgons chargés d'argent.

Law s'en plaignit au *Régent*, qui fit au Prince *de Conti* la réprimande la plus vive.

Lorsque le Duc & la Duchesse *Du Maine* furent arrêtés, le premier Président, qui ne se sentoit pas net, voulut s'éclaircir de ce que le *Régent* pouvoit en savoir; & lui fit demander une audience secrete par Mademoiselle *de la Chausseraye*.

Il fut introduit par la porte de derriere dans le cabinet du *Régent*, qu'il trouva avec *la Chausseraye*, entrée par la porte ordinaire. Le Magistrat débuta par un grand étalage de respect & d'attachement inviolable : sentimens dont il étoit bien-aise de renouveller l'assurance, dans un temps où tant d'autres s'écartoient de leur devoir; & cherchoit, en parlant à lire dans les yeux du Prince, quelle impression faisoit son discours. Mais le *Régent* s'observa si exactement, que le Magistrat, n'appercevant aucun danger, s'échauffa en nouvelles protestations, & alloit se retirer fort content de lui-même, lorsque le *Régent*, lui présentant un papier, lui dit froidement : Reconnoissez-vous cela?... Lisez.

C'étoit une lettre de la main du premier Président, par laquelle il répondoit du Parlement au Roi *d'Espagne*, & s'expliquoit si clairement, qu'il n'y avoit pas moyen de proposer de commentaires. Le premier Président, frappé comme d'un coup de foudre, tomba prosterné, la goutte l'empêchant de se mettre à genoux. Il embrassa les pieds du *Régent*, en protestant de ses remords & en implorant sa grace....

Le *Régent*, sans lui répondre, lui lança un regard d'indignation, & passa dans une autre chambre.

La Chausseraye, étourdie de la scene, reprocha au premier Président de l'avoir engagée à demander cette audience. L'autre, pour toute réponse, la conjura de suivre le *Régent*, & de tâcher de le fléchir.

La Chausseraye alla trouver le Prince, qui se récria sur le crime & l'audace du Magistrat, qu'il vouloit faire arrêter.

„ Vous êtes trop habile pour cela
„ (lui dit-elle) en souriant; vous n'en
„ ferez rien: cela est trop homme pour
„ vous ".

„ En voilà un dont vous ferez désor-

„ mais tout ce que vous voudrez dans le
„ Parlement. Vous avez quelquefois be-
„ foin de pareils C....: il fuffit de le te-
„ nir entre la crainte & l'efpérance. Je
„ vais lui remettre l'efprit, afin qu'il ait
„ la force de fe retirer ".

Sur quoi elle quitte le Prince, vient rejoindre le Magiftrat, qu'elle trouve plus mort que vif, parvient à le raffurer, & le remet entre les mains de *Dupleffis*, qui le conduit à fon carroffe.

Le Cardinal *de la Trimouille* étant mort à Rome, & laiffant l'Archevêché de *Cambray* vacant, *Dubois* eut l'impudence de le demander au *Régent*.

Pour entrer en matiere: „ Monfei-
„ gneur, (lui dit-il) j'ai rêvé cette nuit
„ que j'étois Archevêque de *Cambray*".
Sur quoi le *Régent*, regardant *Dubois* avec mépris: — Tu fais des rêves bien ridicules! — Eh! pourquoi ne me feriez-vous pas Archevêque comme un autre?
— Toi? Archevêque!... Miféricorde!

Alors *Dubois* lui cita tous les garnements que lui & *le Tellier* avoient donnés à l'Eglife.

Le *Régent*, ennuyé de la lifte, & fatigué de la perfécution, lui dit: Mais tu es un facre!... Eh! quel autre facre voudra te sacrer ? — Oh ! s'il ne tient qu'à cela, Monseigneur, mon affaire est bonne. J'ai mon sacre tout prêt; votre premier Aumônier, l'Archevêque de *Reims*. Il est dans votre anti-chambre; il sera charmé de la préférence; je vais vous l'amener.

Il vole à l'instant même à l'anti-chambre, dit à *Tressan* la grace que lui, *Dubois*, vient d'obtenir, & le desir qu'a le *Régent* que *Tressan* soit le *Conservateur*. Celui-ci y consent; *Dubois* le prend par la main, le présente au *Régent*, & redouble de remerciments. *Tressan* y ajoute l'éloge du sujet. Le *Régent* ne répond rien; sur quoi *Dubois* sort, & publie qu'il est Archevêque de *Cambray*, comptant par-là, & sans doute avec raison, arrêter toute demande. Il écrit ensuite à *Néricault Destouches*, qu'il avoit laissé à Londres chargé des affaires à sa place, d'engager le Roi *George* à demander au *Régent* l'Archevêché de *Cambray* pour le Ministre, auteur de l'alliance.

A cette proposition, le Roi d'Angleterre, partant d'un éclat de rire : ,, Eh ! ,, comment voulez-vous (dit-il à *Destouches*) qu'un Prince Protestant se ,, mêle de faire un Archevêque en *France* ?... Le *Régent* en rira, & sûre-

„ ment n'en fera rien ". Pardonnez-moi, *Sire*, (dit *Deſtouches*) il en rira, mais il le fera; & tout de ſuite il lui préſente une lettre très-preſſante & toute écrite. „ Donne, puiſque cela te fait plaiſir „ (dit le Monarque) "; & il ſigna la lettre.

N. B. Il paroît que le *Régent* jouoit la comédie lorſqu'il témoignoit de la répugnance à nommer l'Abbé *Dubois* à l'Archevêché de *Cambray*, puiſqu'il cherchoit dans ce même temps à lui procurer le chapeau de Cardinal, & en avoit même écrit au Pape.

Le *Prétendant*, alors réfugié à *Rome*, étoit dans une telle détreſſe, qu'il avoit offert ſa nomination à *Dubois*, s'il le faiſoit payer de ſa penſion promiſe par le *Régent* : mais l'Abbé n'avoit garde d'accepter cette nomination, qui l'auroit diſcrédité auprès du Roi *George*. Il aima mieux ſe faire un mérite auprès de lui de ce refus, pour l'engager à s'intéreſſer pour lui auprès du *Régent*. Auſſi le Roi *George* ſollicita pour lui le *Régent*, & engagea même l'*Empereur*, ſur qui il avoit beaucoup de crédit, à en faire autant.

Clément XI étoit aſſez diſpoſé à donner le chapeau à *Dubois*, pourvu que la *France* voulût concourir à l'ôter au Cardinal *de Noailles*, dont *Dubois* auroit la dépouille, comme le Saint Pere destinoit le même traitement à *Albéroni*, fugitif d'*Espagne*. Sur quoi *Dubois* essaya de le faire arrêter par les *Génois*, pour l'envoyer prisonnier à Rome; mais ils s'y refuserent.

L'Abbé *Dubois*, ayant enfin été nommé à l'Archevêché de *Cambray*, n'étant que tonsuré, il s'agissoit de prendre les Ordres. Il ne doutoit pas que le Cardinal *de Noailles* ne fût flatté de faire ce petit plaisir à un Ministre puissant, qui pouvoit avoir tant d'influence sur le parti qu'on prendroit à l'égard de la *Constitution*. Il se trompa : le Cardinal ne voulant pas se déshonorer par une complaisance basse & criminelle, refusa nettement. On lui fit parler par le *Régent* même. Il répondit avec respect & modestie, & fut inébranlable.

Muni d'un *Bref* pour recevoir tous les ordres à la fois, & d'une permission de l'Archevêque de *Rouen*, il se rendit avec l'Evêque de *Nantes* dans une Paroisse du Grand-Vicariat de *Pontoise*, la plus voisine de Paris, & y reçut les *Ordres* à une Messe basse.

intéressantes.

Le sacre se fit au *Val-de-Grace*, avec la plus grande magnificence. Toute la Cour y fut invitée, & s'y trouva. Les Ambassadeurs & les Ministres des Princes *Protestants* s'y trouverent dans une lanterne opposée à celle où étoit le *Régent*, dont les grands Officiers faisoient les honneurs de la cérémonie... Le scandale ecclésiastique fut le plus superbe spectacle.

Le Duc *de St. Simon*, qui se vantoit d'être le seul homme titré que *Dubois* eût assez respecté pour l'excepter de l'invitation, offrit au *Régent* de s'y trouver, si ce Prince vouloit se respecter assez luimême pour s'en abstenir; & le *Régent* y avoit consenti. Mais la Comtesse *de Parabere*, maîtresse alors régnante, ayant passé la nuit avec lui, exigea qu'il iroit. Le Cardinal *de Rohan* voulut être le *Conservateur*; & l'Evêque de *Nantes*, qui avoit donné les *Ordres*, premier *Assistant*: le *Régent* pria *Massillon*, nouvellement Evêque de *Clermont*, d'être le second. Soit timidité bourgeoise, soit nécessité, il accepta.

Antoine-Joseph, Comte *de Horn*, âgé de 22 ans; *Laurent de Mille*, Piémontois, Capitaine réformé dans la *Cornette-*

Blanche, & *Leſtang*, fils d'un Banquier Flamand, âgé de 20 ans, ayant complotté d'aſſaſſiner un riche Agioteur, le conduiſirent dans un cabaret de la rue de *Veniſe*, & l'y poignarderent. Le Comte *de Horn* & *Mille* furent arrêtés; *Leſtang*. qui ſe faiſoit appeler le Chevalier *Deſcamps*, ſe ſauva. Le procès ne fut pas long; & dès le mardi ſuivant, 26 Mars, l'un & l'autre furent roués vifs.

Le *Régent* fut aſſiégé de toutes parts pour accorder la grace, ou du moins une commutation de peine.

On n'inſiſta pas ſur le premier article; mais on redoubla de ſollicitations ſur l'autre. On repréſenta que le ſupplice de la roue étoit ſi infamant, qu'une fille de la Maiſon *de Horn* ne pourroit, juſqu'à la troiſieme génération, entrer dans aucun *Chapitre*. On eſſaya de le toucher par l'honneur que le coupable avoit de lui être allié, par *Madame*.... ,, Eh bien ! ,, (dit-il) j'en partagerai la honte : cela ,, doit conſoler les autres parents ".

Cependant il fut près d'accorder la commutation de peine : mais *Law* & l'Abbé *Dubois* l'en détournerent, & lui firent ſentir la néceſſité de maintenir (ſurtout dans cet inſtant) la ſûreté publique; & que le peuple crieroit contre cette diſtinction de supplice, pour un crime si noir & si vulgairement connu.

Lorsque les parents & alliés eurent perdu toute espérance de fléchir le *Régent*, le Prince *de Robec* & le Prince *d'Isenghien*, que le coupable touchoit de plus près que d'autres, trouverent le moyen de pénétrer jusque dans la prison du criminel, & l'exhorterent à se soustraire à la honte du supplice, en prenant un poison qu'ils lui portoient. Mais le coupable les ayant obstinément refusés: „ Va, „ malheureux! (lui dirent-ils en le quit- „ tant) tu n'es digne de périr que par la „ main du bourreau ".

Le Comte *de Horn*, avant son crime, étoit connu pour un escroc & un mauvais sujet de tout point. Sa famille, informée de sa mauvaise conduite, avoit envoyé un Gentilhomme pour payer ses dettes & le ramener dans sa patrie, ou de gré, ou de force, en obtenant du *Régent* un ordre de le faire sortir de Paris ; mais malheureusement il n'y arriva que le lendemain du crime.

Le *Régent* ayant adjugé la confiscation des biens du Comte *de Horn* au Prince *de Horn*, celui-ci lui écrivit la lettre suivante :

Je ne me plains pas, Monseigneur, de la mort de mon frere; mais je me plains de ce que V. A. ait violé en sa personne, les droits du Royaume, de la Noblesse & de la Nation. Je vous remercie de la confiscation de ses biens: je me croirois aussi infâme que lui, si je recevois jamais aucune grace de vous. J'espere que Dieu & le Roi vous rendront quelque jour une justice aussi exacte que vous l'avez rendue à mon malheureux frere.

Le projet de la conjuration d'*Espagne* étoit de faire révolter le Royaume contre le *Régent*; de mettre le Roi d'*Espagne* à la tête du Gouvernement de France, & sous lui le Duc *Du Maine*. On comptoit sur l'union des Parlements; & tout le projet étoit traité assez énigmatiquement, dans des lettres qui pouvoient être surprises.

Mais *Albéroni* voulut, avant que d'éclater, voir des plans arrêtés, & les noms de ceux dont on devoit se servir. Comme il étoit très-dangereux de confier ces détails à un Courrier, que l'Abbé *Dubois* pouvoit faire enlever, *Célamare* imagina qu'il n'y avoit rien de moins suspect que le jeune Abbé *Portocarero*, neveu du Cardinal de ce nom, & *Montéléon*, fils de l'Ambassadeur d'*Espagne* en *Angleterre*, qui retournoient ensemble en *Espagne*.

Ce fut *La Fillon* qui fit avorter cette intrigue. Le Secretaire du Prince de *Célamare* avoit un rendez-vous chez cette femme, avec une de ses filles, le jour que partoit l'Abbé *Portocarero*. Il y vint tard, & s'excusa sur ce qu'il avoit été occupé à des expéditions de lettres fort importantes, dont il falloit charger des voyageurs.

La Fillon laissa nos amants ensemble, & alla sur le champ rendre compte à l'Abbé *Dubois* de ce qu'elle avoit entendu. Aussi-tôt on expédia un Courrier muni des ordres nécessaires pour avoir main-forte.

Il joignit les voyageurs à *Poitiers*, les fit arrêter, & saisit tous leurs papiers, qu'il rapporta à Paris le jeudi 11 Décembre, précisément à l'heure où le *Régent* entroit à l'*Opéra*. L'Abbé ouvrit le paquet, eut le temps de tout examiner, & de mettre en réserve ce qu'il voulut.

Au sortir de l'*Opéra*, l'Abbé voulut rendre compte au Régent de la capture. Tout autre que ce Prince auroit été presfé de s'éclaircir d'un fait auffi important : mais c'étoit la précieufe heure du plaifir !... Et l'Abbé eut jufqu'au lendemain, affez tard, pour prendre fes mefures avant que de conférer avec le *Régent*.

Comme l'Abbé *Dubois* faifoit la revue des papiers du Prince *de Célamare*, & que *Le Blanc* alloit ouvrir une caffette : „ M. *Le Blanc*, (dit l'Ambaffadeur) „ cela n'eft pas de votre reffort : ce font „ des lettres de femmes. Laiffez cela à „ l'Abbé, qui toute fa vie a été *M*... "

Le Parlement vouloit inftruire fecretement le procès de *Law* : des Commiffaires nommés d'office avoient déja entendu des témoins ; & l'on ne fe propofoit pas moins que de fe faifir du coupable, de terminer fon procès en deux heures de temps, de le faire pendre dans la Cour du *Palais*, les portes fermées, & de les ouvrir enfuite pour donner au public le fpectacle du cadavre. Le *Régent* en fut averti.

On prétend que ce fut par le Préfident *Dodun*, qui, depuis, fut Contrôleur-Général.

Le Pape ayant refufé à trois Archevêques, douze Evêques & quantité d'Abbés, des *Bulles*, s'ils ne se soumettoient à des conditions contraires à nos *Libertés*; le *Régent* défendit au Cardinal *de la Trimouille*, notre Ambassadeur à *Rome*, de recevoir aucune de ces *Bulles*, si on ne les donnoit pas toutes conformes à nos droits & usages. Il nomma même une commission, prise du *Conseil de Régence*, pour statuer sur les moyens de se passer du Pape.

Mais la commission n'eut pas le temps de travailler beaucoup. A peine en fut-on instruit à *Rome*, que le Pape fit partir un Courrier avec toutes les *Bulles* dans la forme ordinaire.

La Comtesse *de Sabran* ayant voulu profiter d'un moment de débauche pour faire au *Régent* une question sur quelque affaire d'Etat; il la mena devant une glace, & lui dit : „ Regarde-toi ?... Et vois „ si c'est à un aussi joli visage qu'on doit „ parler d'affaires " ?

Il fut défendu à tout Particulier d'avoir chez lui plus de 500 liv. d'especes. On fit des perquisitions jusque dans les Maisons religieuses, & on récompensa les dénonciateurs. Ce qui fit dire à Mylord *Stair* : Qu'on ne pouvoir plus douter de la catholicité de *Law*, puisqu'il établissoit l'*Inquisition* en *France*, après avoir prouvé la *Transubstantiation* par le changement des *especes* en papier.

Law étoit Ecossois, se donnant pour Gentilhomme; il étoit grand, bien fait, d'une figure agréable & noble, de beaucoup d'esprit, d'une politesse distinguée, de la hauteur sans insolence. Sa femme, ou plutôt celle qui passoit pour l'être, étoit une Angloise de qualité, d'un caractere altier, que les bassesses de nos grandes Dames rendirent bientôt impertinente.

Le Nonce *Maffei*, qui vint cette année en *France*, étoit fils d'un Trompette de la ville de *Florence*. Il étoit arrivé de la plus basse domesticité à la Prélature. Il avoit beaucoup d'esprit, de probité, & des mœurs très-régulieres.

Le Parlement ayant attaqué le Duc *de la Force* pour monopole, plusieurs Pairs présenterent au Roi une requête, par laquelle ils prétendirent que les Pairs n'ont d'autre Juge que le Roi; qu'on ne peut instruire, en matiere criminelle, des procès intentés à un Pair, qu'en vertu d'une commission particuliere, adressée à tel ou tel Tribunal que le Roi juge à propos de choisir; & qu'alors ce Tribunal juge conjointement avec les Pairs.

Le *Régent*, avant de décider la question, voulut l'entendre discuter au Conseil, par les Pairs de l'un & de l'autre parti.

Le Duc *de St. Simon* défendit vivement le Duc *de la Force*, quand à l'incompétence du Parlement; le Duc *de Noailles*, du parti contraire, n'osa répondre, & allégua qu'il n'étoit pas prêt. Le Prince *de Conti* & la plupart des Pairs, pour toute réponse au Duc *de St. Simon*, déclarerent au *Régent* qu'ils s'en tenoient aux remontrances du Parlement. Par crainte, il avoit évoqué l'affaire au Conseil; par ce motif, il se détermina pour l'avis le plus nombreux, & renvoya l'affaire au Parlement.

Il n'est pas facile de prononcer sur les prétentions respectives du Parlement & des Pairs. Ceux qui nient la compétence du Parlement, croyent prendre un parti plus noble, ceux qui la reconnoissent, un parti plus sûr.

Dubois faisoit toujours solliciter à *Rome* le chapeau de Cardinal. Pour donner plus de poids à sa sollicitation, il proposa au Cardinal *de Rohan* d'aller presser la promotion, avec promesse de lui procurer le premier ministere à son retour. Il se disposoit à partir lorsqu'on apprit la mort du Pape. Le Cardinal partit pour le *Conclave*, muni de tout l'argent nécessaire. Il prit *Tencin* pour son Conclaviste, & laissa en-dehors *Laffiteau* pour recevoir les lettres *de Dubois*, qu'il venoit régulierement leur lire.

Il écrivoit à *Dubois*, le 5 Mai, que malgré la prétendue impénétrabilité du *Conclave*, il y entroit toutes les nuits, au moyen d'une fausse clef, à travers de cinq corps-de-gardes. *Tencin*, de son côté, prit des mesures dignes de lui & de son commettant. Il offrit au Cardinal *Conty* de lui procurer la *Tiare* par la faction de *France* & des autres partisans bien payés, si *Conty* vouloit s'engager par écrit de donner après sa nomination le chapeau à l'Abbé *Dubois*. Le marché fait & signé, *Tencin* intrigua si efficacement, que *Conty* fut élu Pape le 8 Mai.

Après l'exaltation, *Tencin* somma le Pape de sa parole. Le Pontife répondit qu'il se reprocheroit éternellement de n'être parvenu au Pontificat que par une espece de simonie : mais qu'il n'aggraveroit

roit pas sa faute par la prostitution du Cardinalat à un sujet indigne. *Tencin*, voyant qu'il ne pouvoit rien obtenir, menace le Saint Pere de rendre son écrit public. Sur quoi le Pape, effrayé, crut qu'il valoit mieux éviter ce scandale à l'Eglise. Il balançoit pourtant encore, lorsque *Seglione*, son Secretaire, vint dire à *Tencin* que son maître avoit grande envie d'une Bibliotheque; mais qu'on en demandoit douze mille écus, & qu'il ne les avoit pas. La somme fut aussi-tôt comptée; & cette générosité emportant la balance, le Pape nomma *Dubois* le 16 Juillet. Mais il n'étoit pas à la fin de ses peines.... *Tencin* ne voulant pas avoir été l'instrument gratuit d'une infamie, résolut d'en tirer parti, pour se faire lui-même Cardinal, en fit impudemment la proposition au Pape, & lui déclara qu'il ne rendroit le billet qu'à cette condition.

Le Saint Pere ne put se déterminer à faire jouir *Tencin* de sa perfidie. Il en tomba malade, & ne fit plus que languir.

Une noire mélancolie, causée par son dépit & ses remords, entretenue par la présence de *Tencin*, resté Ministre de *France* à *Rome*, mit *Innocent XV* au tombeau.

Le jour que *Dubois* reçut sa calotte de la main du Roi, après avoir fait son remerciment, il détacha sa Croix épiscopale, & la présenta à l'Evêque de *Fréjus*, en le priant de la recevoir : ,, Par- ,, ce que (dit-il) elle portoit bonheur ". *Fleury* la reçut, en rougissant aux yeux du Roi & de toute la Cour ; & qui pis est, fut obligé, en courtisan soumis, de s'en décorer. Ce qui lui attira nombre de plaisanteries.

Le *Régent*, qui avoit remarqué le goût du Roi pour son Précepteur, lui proposa l'Archevêché de *Reims*, comme un siege de la premiere distinction. Le Roi l'envoya chercher sur le champ, & lui apprit le présent qu'il lui faisoit.

Fleury se confondit en remerciments respectueux : mais refusa d'être premier Duc & Pair de *France*. Le *Régent* insista inutilement, & finit par le prier d'accepter, du moins, l'Abbaye de *Saint-Etienne de Caen*. *Fleury* accepta ce Bénéfice simple, de 70000 livres de rente, & fit mettre son refus de l'Archevêché dans toutes les Gazettes.

Le *Régent* donna, cette année, l'Evêché de *Laon* à l'Abbé *de Saint-Albin*, bâtard non reconnu qu'il avoit eu de la *Florance*.

Quand il voulut, en conséquence, se faire recevoir au Parlement, il fut arrêté par la difficulté de pouvoir articuler ni pere, ni mere, ni par conséquent produire un nom. Cet obstacle, à la mort de *Dubois*, lui valut l'Archevêché de *Cambray*.

Dubois, ayant terminé une négociation qui intéressoit fort le *Régent*, le mariage du Roi avec l'Infante d'*Espagne*, & celui de Mademoiselle *de Montpensier* avec le Prince des *Asturies*; le Duc *de Saint-Simon* fut déclaré Ambassadeur extraordinaire pour aller faire la demande de la Princesse. Une de ses principales instructions, étoit de voir & de cultiver beaucoup le Jésuite d'*Aubenton*, Confesseur du Roi. A leur premiere entrevue, le Jésuite dit à l'Ambassadeur : Que l'intention du Roi étoit que la jeune Infante fût instruite par un Jésuite : Qu'il mouroit aussi d'envie de prier M. l'Ambassadeur de demander, de sa part, au Roi son neveu, de prendre un Confesseur Jésuite; & termina son discours par offrir ses services pour la *Grandesse* que desiroit l'Ambassadeur. *Dubois* fit nommer le

F ij

Pere *Liniere*, sous prétexte que la nomination d'un Confesseur Jésuite étoit une condition stipulée par l'*Espagne*.

L'Electeur de *Cologne*, frere de l'Electeur de *Baviere*, étant à *Valenciennes*, annonça qu'il prêcheroit le 1er. Avril. La foule fut prodigieuse à l'Eglise. L'Electeur étant en chaire salua gravement l'auditoire, fit le signe de la croix, & cria : *Poisson d'avril !* Puis descendit, tandis que des trompettes & des cors-de-chasse faisoient un tintamare digne d'une pareille *scene*.

Lorsque le *Régent* sacrifia *Nocé*, qu'il aimoit beaucoup, à l'empire que le Cardinal *Dubois* avoit pris sur lui, quelqu'un dit à *Nocé*, pour le consoler : que cette disgrace ne seroit pas de longue durée. ,, Qu'en savez-vous (dit-il)? Je le ,, sais, répondit l'autre, du *Régent* mê- ,, me. Qu'en sait-il? répliqua *Nocé* ".

Le Cardinal *Dubois*, au retour de *Tencin*, qui revenoit de Rome, le crut très-propre à le servir dans le dernier & le plus grand de ses projets ambitieux, & l'endoctrina en conséquence.

Dans une audience que *Tencin* eut du

Régent, après lui avoir dit combien la Cour de *Rome* étoit satisfaite de la conduite & des talents du Cardinal *Dubois*, il insinua au Prince que cette Cour s'attendoit à le voir bientôt premier Ministre; & que jamais *Son Altesse* ne pouvoit faire un meilleur choix pour sa tranquillité & pour le bien de l'Etat.

A peine *Tencin* eut-il effleuré cette matiere, que le *Régent*, voyant de quoi il s'agissoit, dit (en l'interrompant:) „ Que diable veut donc le Cardinal? je „ lui laisse toute l'autorité d'un premier „ Ministre; il n'est pas encore content, „ il en veut le titre!.... Eh! qu'en fera-„ t-il? Combien de temps en jouira-t-il? „ Il est tout pourri de v.... Celui qui „ l'a visité m'assure qu'il ne pourra vivre „ six mois ".

Cela est-il bien vrai, Monseigneur? — Très-vrai. Je te le ferai dire. — Cela étant, je vous conseille de le déclarer premier Ministre, plus tôt que plus tard. Nous approchons de la majorité du Roi; vous conserverez, sans doute, la confiance de *Sa Majesté*, due à vos services & à vos talents. Mais enfin, vous n'aurez plus d'autorité propre!.... Un grand Prince, comme vous, a toujours des ennemis & des jaloux: ils chercheront à vous aliéner le Roi ; ceux qui l'approchent de plus près ne vous font pas les plus dévoués ; vous ne pouvez, à la fin de votre *Régence*, vous faire nommer premier Ministre.... Faites-le Cardinal.... A sa mort, vous succéderez au titre qui n'aura pas été rétabli pour vous, & auquel le Public sera déja accoutumé. Ce raisonnement frappa le Prince, & *Dubois* fut premier Ministre.

Dubois s'étoit marié, jeune, dans un village du *Limousin*, avec une jolie paysanne. La misere les obligea de se séparer à l'amiable. Ils convinrent que la femme gagneroit sa vie comme elle pourroit, & que le mari iroit tenter fortune à *Paris*.

Lorsqu'il fut parvenu à l'Episcopat, il craignit la révélation d'un engagement qui passoit les *Libertés de l'Eglise Gallicane*. Il en fit confidence à *B*.... Intendant de *Limoges*, qui trouva le moyen d'enlever la feuille du registre de célébration & la minute du Notaire.

La place de Ministre & Secretaire d'Etat de la Guerre, fut la récompense de son adresse & de sa discrétion.

La femme du Cardinal *Dubois*, après la mort de son mari, vint à *Paris*, où

intéressantes. 127

elle a vécu dans l'opulence & l'obscurité plus de vingt-cinq ans. Elle étoit fort unie avec son beau-frere, & elle n'avoit point d'enfants.

La Duchesse *de Berry* avoit pris un appartement aux *Carmélites* de la rue *Saint-Jacques*, où elle se retiroit la veille des grandes Fêtes. Elle y couchoit & y mangeoit avec les Religieuses, assistoit même aux Offices de jour & de nuit. De-là retournoit aux *Orgies du Luxembourg*.

Le *Régent*, pour édifier le Public, ainsi que sa fille, marcha, en grand appareil, le jour de *Pâques* 1716, à *Saint-Eustache*, & y communia.

Le contraste de sa vie habituelle & de cet acte de Religion, fit le plus mauvais effet du monde.

Le Comte *Maffei*, Vice-Roi de *Sicile* en 1716, prit si bien ses mesures, qu'une nuit, tous les Jésuites, tant Peres que Freres, sains ou malades, furent enlevés, embarqués, deux jours après débarqués sur les côtes de l'Etat Ecclésiastique, & abandonnés à leur bonne ou mauvaise fortune.

Ils se rendirent, comme ils purent, à *Rome*, où le Pape, quoique très-embarrassé de cette inondation de Moines, n'en devint pas plus traitable avec le Gouvernement de *Sicile*.

Mais la Chambre Apostolique se lassant bientôt de fournir la subsistance à tant de Commensaux, on vit un beau jour affiché dans *Rome* un ordre à tous les proscrits de sortir de la ville, sous des peines très-rigoureuses, auxquelles il fallut obéir. Ils voulurent rentrer dans la *Sicile*. Mais le Comte *Maffei* s'étant montré inflexible, ils se répandirent dans les campagnes d'*Italie*, où la plupart périrent de misere.

La France a toujours le choix du *Nonce*. Le Pape présente trois sujets, entre lesquels elle choisit, & peut rejetter tous les trois. L'Empereur & l'Espagne ont le même privilege.

Le Cardinal *Du Bois* vouloit faire revivre pour lui l'ancienne Souveraineté de *Cambray*. Il écrivit à *Chavigny*, à *Madrid*, d'en chercher les titres en *Espagne*.

„ Si le Roi *d'Espagne* (dit-il dans sa
„ lettre) a été usurpateur, comme il le

,, paroît par les proteſtations que les Ar-
,, chevêques ont toujours faites, le Roi
,, d'*Eſpagne* eſt injuſte détenteur ".

Chavigny ne put réuſſir dans ces recherches.

Le jour de Pâques, qui ſuivit la promotion de *Dubois* au Cardinalat, s'étant
éveillé plus tard qu'à ſon ordinaire, il
s'emporta en juremens contre ſes valets,
de ce qu'ils l'avoient laiſſé dormir ſi long-
temps un jour où il devoit dire la Meſſe.
On ſe preſſa de l'habiller, toujours jurant. Quand il le fut, il fit appeler un
Secretaire, & oublia d'aller dire la Meſſe,
& même d'aller l'entendre.

Le *Régent* fut charmé de la mort de
ce Miniſtre.

Le jour qu'on lui fit l'opération, l'air,
extrêmement chaud, tourna à l'orage; &
ce Prince ne put s'empêcher de dire :
,, J'eſpere que ce temps-là fera partir mon
,, drôle " !

Dubois jouiſſoit, à ſa mort, de deux
millions de revenu, ſans compter un argent comptant & un mobilier immenſe.

La Ducheſſe *de Phalaris*, entre les
bras de qui mourut le *Régent*, étoit du

F v

Dauphiné, & se nommoit *d'Harancour*. Elle avoit épousé un Aventurier, Duc du Pape, qui se nommoit *George d'Entraignes*, fils d'un Financier, dont *Boileau* parle dans sa premiere Satyre, sous le nom de *George*. Il y avoit *Gorge* dans la premiere édition :

Que *Gorge* vive ici, puisque *Gorge* y veut vivre.

Un homme s'étant avisé de faire l'éloge du Duc *de Chartres*, en présence du *Régent*, sur la grace avec laquelle il avoit dansé dans un Ballet : „ Savez- „ vous (dit le pere) que j'envoye faire „ f.... ceux qui me font de pareils com- „ pliments "?

Un jeune Seigneur Anglois, à son retour de *France*, ayant dit au Roi *Guillaume*, que ce qui lui avoit paru de plus plaisant à la Cour de *France*, étoit, que le Roi eût une vieille maîtresse & un jeune Ministre (*Barbézieux*). „ Cela doit „ vous apprendre, jeune homme, (dit „ *Guillaume*) qu'il ne fait usage, ni de „ l'une, ni de l'autre ".

Charlotte-Christine-Sophie de Wolfenbutel, femme du *Czarovitz Alexis*, fils de *Pierre Premier*, *Czar de Moscovie*, & sœur de la femme de l'Empereur *Charles VI*, naquit le 25 Août 1694. Cette Princesse, avec de la beauté, de l'esprit, des graces & de la vertu, devint l'objet de l'aversion de son mari, le plus féroce des hommes. Il essaya plusieurs fois de l'empoisonner ; mais le contre-poison la sauva.

Enfin, il lui donna un jour un si furieux coup de pied dans le ventre, étant grosse de huit mois, qu'elle tomba évanouie & noyée dans son sang. *Pierre Premier* étoit alors dans un de ses voyages. Son fils, persuadé que cette malheureuse Princesse n'en pouvoit revenir, partit à l'instant pour sa maison de campagne.

La Comtesse de *Konismark*, mere du Maréchal *de Saxe*, étoit auprès de la Princesse lorsqu'elle accoucha d'un enfant mort, & en prit tous les soins possibles. Mais prévoyant, si elle en revenoit, qu'elle périroit tôt ou tard par la férocité du *Czarovitz*, elle imagina un moyen de la sauver, en gagnant les femmes de la Princesse, & de-là manda au mari que la femme & l'enfant étoient morts. Sur quoi le *Czarovitz* manda qu'on les enterrât aussi-tôt & sans céré-

F vj

monies. On dépêcha des Courriers au *Czar* & dans toutes les Cours, & l'Europe prit le deuil d'une bûche qu'on avoit enterrée.

Cependant la Princesse, transportée dans une chambre écartée, reprit peu-à-peu sa santé & ses forces. Alors, munie de quelques pierreries & de l'or que lui procura la Comtesse, vêtue en femme du commun, elle partit avec un vieux domestique de confiance, Allemand, qui passoit pour son pere, & se rendit à Paris. Elle y fit peu de séjour, prit une femme pour la servir, passa dans un de nos ports, & s'embarqua pour la *Louisiane*.

Sa figure lui attira d'abord l'attention des habitants, parmi lesquels un Officier de la Colonie, nommé *Dauband*, qui avoit été en *Russie*, la reconnut.

Il avoit pourtant peine à se persuader qu'une femme, dans un tel état, fût la belle-fille du *Czar Pierre*. Pour s'en assurer davantage, il offrit ses services au prétendu pere. Une liaison plus particuliere se forma par degrés; & ils en vinrent jusqu'à faire une société pour monter ensemble une habitation à frais communs.

On apprit, quelque temps après, dans

la Colonie, par les Gazettes, la mort du *Czarovitz*. *Dauband* déclara pour lors à la Princesse qu'il la connoissoit, & offrit de tout abandonner pour la reconduire en *Russie*.

Mais la veuve du *Czarovitz*, se trouvant plus heureuse qu'elle ne l'avoit été auprès du Trône, refusa de sacrifier la tranquillité de son état obscur, à tout ce que l'ambition lui pouvoit offrir. Elle exigea seulement de *Dauband* le secret le plus inviolable, & de se conduire avec elle comme il avoit fait jusques-là.

Il en fit le serment, & son intérêt suffisoit pour l'y rendre fidele. La beauté, l'esprit & les vertus de la Princesse, avoient fait la plus vive impression sur lui, & l'habitude de vivre ensemble l'avoit fortifiée. Il étoit aimable & encore jeune; & comme elle l'avoit toujours supposé dans l'ignorance de ce qu'elle étoit, les attentions respectueuses de *Dauband* pour elle n'en avoient été que plus flatteuses. Elle n'y avoit donc pas été insensible. Ils continuerent de vivre comme à l'ordinaire; mais ils se devenoient de jour en jour plus chers l'un à l'autre.

Le vieux Domestique, qui passoit pour le pere de la Princesse, étant venu à mourir, elle & *Dauband*, tous deux jeunes, ne pouvoient plus décemment vivre ensemble aussi habituellement qu'ils faisoient quand elle y paroissoit autorisée par un pere. *Dauband* le fit sentir à la Princesse, & saisit ce moment pour lui faire l'aveu de tout ce qu'il sentoit pour elle, & pour lui représenter qu'ayant une fois renoncé à toute idée de grandeur, elle pouvoit aussi l'accepter pour époux, s'il ne lui étoit pas désagréable, & cacher d'autant mieux par-là son premier état. Elle y consentit : & celle qui étoit d'abord destinée à régner sur la *Russie*, & dont la sœur régnoit à *Vienne*, devint la femme d'un simple Officier d'Infanterie. Elle en eut, dès la premiere année de leur mariage, une fille, qu'elle nourrit elle-même, qu'elle éleva, & à qui elle enseigna le *François* & l'*Allemand*.

Il y avoit dix ans qu'ils vivoient dans cette heureuse médiocrité où l'amour réciproque de deux époux tient lieu de tous les autres biens, lorsque le mari fut attaqué de la fistule ; & que la femme, allarmée des dangers de l'opération, voulut qu'elle se fît à Paris.

Ils vendirent leur habitation, & s'embarquerent sur le premier vaisseau prêt à partir. Arrivés à Paris, *Dauband* y fut mis entre les mains du plus habile Chirurgien. Sa femme lui rendit tous les soins de l'épouse la plus tendre, & ne le quitta pas un instant que la guérison ne fût parfaite. Ils pensèrent ensuite à prendre un parti qui pût assurer leur petite fortune. *Dauband* sollicita à la Compagnie des Indes un emploi dans l'Isle *de Bourbon*, & en obtint la majorité.

Pendant que le mari suivoit les affaires, la femme alloit quelquefois prendre l'air, avec sa fille, aux *Tuileries*.

Un jour qu'elles y étoient sur un banc, & qu'elles causoient en *Allemand*, pour n'être point entendues de ceux qui étoient à côté d'elles, le Maréchal *de Saxe*, en passant & entendant des femmes parler sa langue, s'arrêta pour les considérer. La mere levant alors les yeux, & les baissant aussi-tôt qu'elle reconnut le Maréchal, lui fit voir un tel embarras, qu'il s'écria: ,, Quoi, Madame! seroit-il possible "? Elle ne lui permit point d'achever, se leva, & le tirant à l'écart, lui avoua ce qu'elle étoit, lui demanda le plus grand secret, le pria de la quitter, & de venir chez elle apprendre ce qui la concernoit.

Le Maréchal y alla le jour suivant. Elle lui fit le récit de ses aventures, & de la part qu'y avoit eue la Comtesse de

Konismark, mere du Maréchal. Elle le conjura, en même temps, de ne rien révéler au Roi, jusqu'à la conclusion d'une négociation qu'elle avoit commencée, & qui seroit terminée avant trois mois. Le Maréchal le lui promit, & la voyoit, elle & son mari, de temps en temps, *incognito*.

Cependant le délai qu'elle avoit demandé étoit près d'expirer, lorsque le Maréchal étant allé la voir, apprit qu'elle étoit partie depuis deux jours avec son mari, nommé à la majorité de l'Isle *de Bourbon*.

Le Maréchal alla, sur le champ, rendre compte au Roi de tout ce qui regardoit la Princesse. Le Roi fit appeller le Ministre de la Marine (c'étoit, je crois, M. *de Machault*); &, sans lui dire le *pourquoi*, lui ordonna d'écrire au Gouverneur de l'Isle *de Bourbon*, de traiter M. *Dauband* avec la plus grande considération. Le Roi écrivit en même-temps à la Reine *de Hongrie*, avec qui nous étions en guerre, & l'informa du sort de sa tante. La Reine remercia *Louis XV*, & lui adressa pour la Princesse une lettre, par laquelle elle l'invitoit à venir auprès d'elle : mais à condition de se séparer de son mari & de sa fille, dont le Roi vouloit bien prendre foin. La Princeffe refufa de telles conditions, & demeura avec fon mari jufqu'en 1747, qu'il mourut. Sa fille étant morte auffi, la Princeffe ne tenant plus à rien, revint à Paris, & fe logea à l'Hôtel du *Pérou*. Son deffein étoit de fe mettre dans un Couvent; mais la Reine de *Hongrie* lui offrit de venir fe fixer à *Bruxelles*, avec une penfion de vingt mille florins. J'ignore fi elle y alla: mais je fais qu'elle eft, depuis fix ans, à *Vitry*, à une lieue de Paris, (j'écris ceci en 1771) où elle vit fort retirée avec trois Domeftiques, dont un negre. On la nomme Madame *de Moldack*. J'ignore qui étoit M. *de Moldack*, & quand elle l'époufa. Elle eft encore veuve : je la vis en 1768, à la promenade.

Quand on remit à *Louis XIV* l'état des fommes que le Château & les Jardins de *Verfailles* avoient coûtées; après avoir vu le définitif du compte, il le jetta au feu. L'article du plomb, pour le Château & les conduits d'eau, étoit de trente-deux millions.

La Princeffe *de Conti*, mere du Prince *de Conti* d'aujourd'hui, 1771, difoit à fon mari :,, Je puis faire des Princes du Sang

,, fans vous, & vous n'en pouvez faire
,, fans moi ".

Les *Jéfuites* ont par-tout des confreres laïques, qui font les mêmes vœux, à l'exception de celui de chafteté. Ils en ont même qui font extérieurement *Proteſtants*. Le Secretaire d'Etat *Deſnoyers* étoit *Jéfuite* laïque. *Jean III*, Roi de Portugal, mort en 1557, un an après *St. Ignace*, étoit *Jéfuite*, & avoit un Bref du Pape pour garder fa couronne. *Maximilien*, Duc *de Baviere*, eſt mort *Jéfuite* en 1726. Il fit bâtir à *Munich* la Maiſons des *Jéfuites*.

N. B. On en pourroit citer bien d'autres.

La ſignature des fils & filles de *France* n'eſt que du nom de baptême, fans aucune addition.

Manſard, Sur-Intendant des bâtiments, ufoit avec *Louis XIV* de la flatterie la plus coquine. Il lui préſentoit quelquefois des plans où il laiſſoit des choſes ſi abſurdes, que le Roi les voyoit du premier coup d'œil. Là-deſſus, *Manſard* à tomber d'admiration, & à s'écrier : ,, Que
,, le Roi n'ignoroit rien ! & en ſavoit,

intéressantes.

„ en Architecture, plus que les Maîtres
„ mêmes ".

On a soupçonné *Racine* d'en avoir usé ainsi dans sa partie, au sujet d'*Athalie* & d'*Esther*.

Le Maréchal *de Montrevel* étant à table chez *Biron*, pere du Maréchal d'aujourd'hui, & Colonel des *Gardes Françoises*, on versa une saliere sur lui. Il en fut si effrayé, qu'il s'écria qu'il étoit mort !... Il tomba en foiblesse; on l'emporta chez lui; la fievre le prit, & il mourut au bout de quatre jours, en 1718. Cet événement fortifia la superstition des gens aussi sots que lui. Il étoit d'ailleurs d'une grande valeur : il ne laissa que deux filles, qui furent les Comtesses *de Flavacourt* & *de Haute-Feuille*.

Castel dos Rios, Ambassadeur d'*Espagne* en *France*, en 1699, avoit dans ses instructions de faire révoquer le décret de *Sorbonne*, qui condamnoit le livre de *Marie d'Agreda*; & de faire établir en *France* le dogme de l'*Immaculée Conception*.

Le Duc *d'Albe*, pere de celui qui vint Ambassadeur en *France* en 1704, ayant perdu sa maîtresse, qui s'étoit enfuie, faisoit dire des Messes pour que Dieu lui fît la grace de la retrouver. C'étoit d'ailleurs un homme d'esprit.

La Duchesse *d'Albe*, bru de celui dont je viens de parler, fit prendre à son fils, malade à *Paris*, en potions & en lavements, des reliques pulvérisées. L'enfant n'en mourut pas moins, au grand étonnement de la mere.

L'Abbé *de Vatteville*, frere du Baron, Ambassadeur à *Londres*, fut d'abord Colonel du Régiment de *Bourgogne*, pour le Roi d'*Espagne*, *Philippe IV*, & se distingua par plusieurs actions d'éclat. Mécontent d'un passe-droit, il quitta le service, & se fit *Chartreux*. Après avoir fait ses vœux, s'ennuyant de la solitude, il se procura quelque argent de sa famille; sans laisser soupçonner son dessein, fit acheter par un affidé, un habit de cavalier, des pistolets & une épée, se travestit une nuit dans sa cellule, & prit le chemin du jardin. Soit hasard, soit soupçon de la part du Prieur, ils se rencontrerent. *Vatteville* le poignarda sur le champ, & tout de suite sauta la muraille de l'enclos, où on lui tenoit un cheval prêt. Il s'éloigna promptement, & ne s'arrêta que lorsqu'il le fallut pour rafraîchir son cheval.

Ce fut dans un lieu écarté, où il n'y avoit pour toute habitation qu'une Auberge : il fit mettre à la broche un gigot & un autre morceau de viande, qui étoit tout ce qui s'y trouvoit alors. A peine commençoit-il à manger, qu'un voyageur arrive; & ne trouvant plus rien, ne doute pas que le premier arrivé ne veuille bien partager un dîner qui sembloit suffisant pour deux : mais *Vatteville* prétend qu'il n'y en a pas trop pour lui. La querelle devient vive, & le nouveau venu s'empare de l'un des deux plats. *Vatteville*, ne pouvant le lui arracher, tire un de ses pistolets, lui en casse la tête, met l'autre sur la table, menace l'Hôtesse & un Valet accourus au bruit, de les traiter de même s'ils ne se retirent, & ne le laissent dîner en paix. Il s'éloigna ensuite au plus vîte, essuya des fortunes diverses dans ses voyages, & finit par se retirer dans les Etats du *Grand-Seigneur*, où il prit le *turban*, obtint du service, & se distingua assez pour devenir *Bacha*, & avoir le gouvernement de quelques places dans la *Morée*, au temps où les *Vénitiens* & les *Turcs* y étoient en guerre.

Cette circonstance lui fit naître l'idée de chercher à rentrer en sûreté dans sa patrie. Il négocia secretement avec les *Vénitiens*, qui obtinrent pour lui, à *Rome*, l'absolution de son apostasie, sa sécularisation, & un Bénéfice considérable en *Franche-Comté :* au moyen de quoi, il leur livra les places dont il étoit le maître.

De retour dans sa Province, au moment où *Louis XIV* y portoit la guerre, il servit assez utilement la *France* pour en obtenir des graces marquées ; sur-tout un crédit & une autorité respectée à *Besançon*. L'Archevêché étant devenu vacant, le Roi l'y nomma ; mais le Pape trouvant du scandale à nommer pour Archevêque un Apostat, Renégat, & meurtrier publiquement connu, refusa constamment les *Bulles*; & *Vatteville* fut obligé de se contenter, en échange, de deux bonnes Abbayes, & du haut-Doyenné de *Besançon*. Il y vivoit en grand Seigneur, avec un équipage de chasse, une table somptueuse, craint, respecté (du moins à l'extérieur), allant de temps en temps aux *Chartreux*, voir ceux de son temps qui y vivoient encore ; & mourut en 1710, âgé de plus de 90 ans.... Tant la tranquillité d'ame & la bonne conscience contribuent à la santé !

intéressantes. 143

Voici le portrait que fait *Pélisson* de l'Abbé *de Vatteville*, dans son Histoire de la *Conquête de la Franche-Comté*, en 1668.

„ Un tempérament froid & paisible en
„ apparence; ardent & violent en effet;
„ beaucoup d'esprit, de vivacité & d'im-
„ pétuosité au-dedans; beaucoup de dis-
„ simulation & de retenue au-dehors;
„ des flammes couvertes de neige & de
„ glace; un grand silence, ou un torrent
„ de paroles propres à persuader; ren-
„ fermé en lui-même, mais comme pour
„ en sortir au besoin avec plus de force.
„ Le tout exercé par une vie pleine d'a-
„ gitation & de tempêtes, propres à don-
„ ner plus de fermeté & plus de souples-
„ se à l'esprit ".

Il y a un fait assez curieux, très-sûr & peu connu, au sujet du Collier de l'*Ordre du St. Esprit*. La dévotion s'allioit autrefois avec le plus grand débordement de mœurs, & la mode n'en est pas absolument passée.

Le motif public de *Henri III*, en instituant l'*Ordre du Saint-Esprit*, fut la défense de la Catholicité, par une association de Seigneurs qui ambitionneroient d'y entrer.

Le vœu secret fut d'en faire hommage

à sa sœur *Marguerite de Valois*, qu'il aimoit plus que fraternellement.

Le St. Esprit est le symbole de l'amour: les ornements du Collier étoient les monogrammes *de Marguerite* & *de Henri*, séparés alternativement par un autre monogramme symbolique, composé d'un φ *phi* & d'un δ *delta* joints ensemble; φ, auquel on faisoit signifier *fidelta* pour *fedelta* en Italien, & *fidélité* en François. *Henri IV*, instruit de ce mystere, changea le Collier par délibération du *Chapitre*, du 7 Janvier 1597, & remplaça par deux trophées d'armes, le φ & le monogramme *de Marguerite*. J'en ai vu les preuves non suspectes.

EXTRAIT

des Manuscrits de M. Colbert,

Page 169 & suiv.

Au commencement de l'année 1663, le Roi voulut donner des marques publiques de l'envie qu'il avoit de faire fleurir les Lettres pendant son regne. Pour cet effet, il voulut donner des pensions & des

des gratifications à tous ceux qui excelloient en quelques sciences, dans son Royaume & dans les pays étrangers ; & s'étant fait instruire, par les Ambassadeurs & par tous ceux qui ont commerce avec les Savants, du nom des principaux en tout genre, & des sciences où ils excelloient ; il fit choix lui-même d'un bon nombre, auxquels il envoya les sommes qu'il leur avoit destinées, dont voici la liste avec la note :

Au Sieur *de la Chambre*, son Mécecin ordinaire, excellent homme pour la Physique & pour la connoissance des passions & des sens, dont il a fait divers Ouvrages fort estimés, une pension de . . . . 2000 l.
Au Sieur *Conrard*, lequel, sans connoissance d'aucune autre langue que sa maternelle, est admirable pour juger de toutes les productions de l'esprit, une pension de 1500
Au Sieur *Le Clerc*, excellent Poëte François 600
Au Sieur *Pierre Corneille*, premier Poëte Dramatique du monde 2000

Au Sieur *Desmaretz*, le plus fertile Auteur, & doué de la plus belle imagination qui ait jamais été. .... 1200 l.

Au Sieur *Ménage*, excellent pour la critique des pieces. 2000

Au Sieur Abbé *de Pure*, qui écrit l'Histoire en Latin pur & élégant. 1000

Au Sieur *Boyer*, excellent Poëte François. 800

Au Sieur *Corneille le jeune*, bon Poëte François & Dramatique. 1000

Au Sieur *Moliere*, excellent Poëte Comique. 1000

Au Sieur *Benserade*, Poëte François fort agréable. 1500

Au Pere *Le Cointre*, de l'Oratoire, habile pour l'Histoire. 1500

Au Sieur *Godefroi*, Historiographe du Roi. 3600

Au Sieur *Huet*, de *Caen*, grand personnage qui a traduit *Origene*. 1500

Au Sieur *Charpentier*, Poëte & Orateur François. 1200

Au Sieur Abbé *Cotin*, idem. . 1200

intéressantes.

Au Sieur *Sorbiere*, savant ès Lettres humaines. . . . . . 1000 l.
Au Sieur *Dauvrier*, idem. . . 3000
Au Sieur *Ogier*, consommé dans la Théologie & les Belles-Lettres. 1500
Au Sieur *Vallier*, professant parfaitement la Langue Arabe. 600
A l'Abbé *Le Vayer*, savant ès Belles-Lettres. 1000
Au Sieur *Le Laboureur*, habile pour l'Histoire. 1200
Au Sieur *de Sainte-Marthe*, id. 1200
Au Sieur *Du Perrier*, Poëte Latin. 800
Au sieur *Fléchier*, Poëte François & Latin. 800
Aux Sieurs *de Valois* freres, qui écrivent l'Histoire en Latin. 2400
Au Sieur *Mauri*, Poëte Latin. 600
Au Sieur *Racine*, Poëte François. 800
Au Sieur Abbé *de Bourzeis*, consommé dans la Théologie positive Scholastique, dans l'Histoire, les Lettres humaines & les Langues Orientales. 3000

G ij

Au Sieur *Chapelain*, le plus grand Poëte François qui ait jamais été, & du plus solide jugement............ 3000 l.
Au Sieur Abbé *Cassagne*, Poëte, Orateur, & savant en Théologie............ 1500
Au Sieur *Perrault*, habile en Poésie & en Belles-Lettres.
.... 1500
Au Sieur *Mézerai*, Historiographe............ 4000

Les étrangers sont *Heinsius*, *Vossius*, *Huyghens*, (Hollandois qui a inventé les pendules); *Beklerus*, &c. dont les pensions sont de 12 & de 1500 liv.

Le Pape *Benoît XIII (Ursini)* voulant, en 1725, accorder aux Evêques l'honneur de lui baiser la main, les Cardinaux lui firent à ce sujet des représentations, cet honneur n'étant dû qu'à eux. Cela n'empêcha pas *Duclos* de prendre cette liberté avec *Clément XIV*, qui en rit.

Madame *de Cornuel* (fameuse par ses bons mots) disoit : ,, Quand tout ce ,, qui se dit de l'autre monde, ne seroit

,, qu'un bruit de ville, cela vaudroit
,, bien la peine de s'en informer ".

L'Abbé *de Longuerue* étant à son Abbaye *du Jard*, ses Religieux lui demanderent, un jour, quel étoit son Confesseur? ,, Quand vous m'aurez dit (ré-
,, pondit l'Abbé) quel étoit celui de
,, *St. Augustin*, je vous nommerai le
,, mien ".

Il est vrai que nous avons ses *Confessions*; mais il n'y parle pas de son *Confesseur*.

Fouquet de la Varenne, qui d'abord étoit garçon de cuisine chez *Catherine*, Duchesse *de Bar*, sœur de *Henri IV*, parut assez intelligent à ce Prince, pour qu'il le chargeât du département de la galanterie; poste plus lucratif qu'honorable. Il fit en peu de temps une telle fortune, que la Duchesse lui dit : ,, Tu as
,, plus gagné à porter les poulets de mon
,, frere, qu'à piquer les miens "! Il avoit beaucoup d'esprit, & passa bientôt de l'intrigue à la négociation. *Henri IV* l'employa dans la politique, & le chargea d'affaires qui exigeoient autant de courage que d'habileté. *La Varenne* ne cherchoit point à en imposer sur ses pre-

miers emplois. Le Chancelier, avec qui il eut une discussion, voulant l'humilier en les lui rappellant: ,, Point d'airs de ,, mépris? (lui dit *La Varenne*) si le ,, Roi avoit vingt ans de moins, je ne tro- ,, querois pas ma place contre la vôtre ".

Dès qu'il vit que son maître craignoit les *Jésuites*, il voulut s'en faire des amis, contribua plus que personne à leur rétablissement, & finit par s'y attacher de plus en plus par ses propres services. Il fût le fondateur de leur célebre Maison de *La Fleche*, & s'y retira après la mort de *Henri IV*. Il s'amusoit souvent à tirer au vol. Un jour il apperçut sur un arbre une pie, qu'il vouloit faire partir pour la tirer; lorsque la pie se mit à crier *maquereau*. Croyant que c'étoit le Diable qui lui reprochoit son ancien métier, il tomba en foiblesse, la fievre le saisit, & il mourut au bout de trois jours, sans qu'on pût lui persuader que cette pie étoit un oiseau domestique échappé de chez quelque voisin, où elle avoit appris à parler ainsi.

Le discours de *Louis XIV* à Monseigneur le Dauphin, (Manuscrit) est certainement du Roi, qui le dicta à *Pélisson*.

Lorsque ce Prince, sur la fin de sa vie, fit brûler beaucoup de papiers, le Duc, depuis Maréchal *de Noailles*, qui étoit avec le Roi, lui demanda avec instance, & obtint ce discours, qu'il déposa dans la suite à la Bibliotheque du Roi, le 6 Septembre 1758.

Quelques jours après la mort de l'Abbé *d'Olivet*, en 1768, il parut un Recueil d'Opuscules littéraires, dont ce discours fait le premier article. J'ai eu la curiosité de confronter l'imprimé avec le manuscrit, qui contient trois cahiers. Il est assez conforme aux deux premiers; mais on a supprimé dans l'imprimé plusieurs choses du troisieme cahier, qu'il falloit conserver, ne fut-ce que pour faire voir que *Louis XIV* n'approuvoit pas les violences contre les *Protestants*.

Par exemple, ceci : ,, Il me semble,
,, mon fils, que ceux qui vouloient em-
,, ployer des remedes extrêmes & vio-
,, lents, ne connoissoient pas la nature de
,, ce mal, causé en partie par la chaleur
,, des esprits, qu'il faut laisser passer &
,, s'éteindre insensiblement, plutôt que
,, de la rallumer de nouveau par une
,, forte contradiction; sur-tout quand la
,, corruption n'est pas bornée à un pe-
,, tit nombre connu, mais répandu dans

„ toutes les parties de l'Etat ; & d'ail-
„ leurs les *Réformateurs* difoient vrai,
„ vifiblement, en plufieurs chofes.... Le
„ meilleur moyen pour réduire peu-à-peu
„ les *Huguenots* de mon Royaume,
„ étoit de ne les point preffer du tout
„ par aucune rigueur nouvelle contre
„ eux ".

Voilà des omiffions de Prêtres, qui voudroient tout mettre à feu & à fang, par charité !

Voltaire ayant donné à Madame *de Pompadour* une copie manufcrite de fon Hiftoire de la guerre terminée en 1748, par la paix *d'Aix-la-Chapelle*, finiffoit ainfi l'Hiftoire :

„ Il faut avouer que l'Europe peut
„ dater fa félicité du jour de cette paix....
„ On apprendra avec furprife qu'elle
„ fut le fruit des confeils preffants d'une
„ jeune Dame d'un haut rang, célebre
„ par fes charmes, par des talents fin-
„ guliers, par fon efprit, & par une
„ place enviée. Ce fut la deftinée de
„ l'Europe dans cette longue querelle,
„ qu'une femme la commença, & qu'une
„ femme la finit. La feconde a fait au-
„ tant de bien que la premiere avoit caufé
„ de mal, s'il eft vrai que la guerre foit

,, le plus grand des fléaux qui puissent
,, affliger la terre, & que la paix soit le
,, plus grand des biens qui puissent la
,, consoler ".

Cet article ne fut point imprimé.

Le public a toujours soupçonné que *Madame*, (*Henriette d'Angleterre*) épouse de *Monsieur*, Frere unique du Roi, étoit morte empoisonnée.

Le 30 Juin 1670, *Madame* étant à *St. Cloud* en parfaite santé, but un verre d'*eau de chicorée*. Dans l'instant elle sentit des douleurs aiguës dans l'estomac; les convulsions suivirent; & six heures après elle étoit morte.

Il eût été difficile de ne pas soupçonner de poison une mort si prompte & si caractérisée!... Mais ce n'est plus un soupçon, c'est un fait certain, quoique les preuves en soient connues de très-peu de personnes.

Le Roi, frappé de cette mort, & des circonstances qui l'avoient précédée, fit venir devant lui *Morel*, Contrôleur de la bouche de *Madame*. Il fut introduit secretement, la nuit même qui suivit la mort de cette Princesse, dans le cabinet du Roi, qui n'avoit avec lui que deux domestiques de confiance, & l'Officier des Gardes-du-Corps qui amenoit *Morel*.

„ Regardez-moi, (lui dit le Roi)
„ & songez à ce que vous allez dire!...
„ Soyez sûr de la vie, si c'est la vérité....
„ Mais si vous osez me mentir, votre
„ supplice est prêt.... Je sais que *Ma-*
„ *dame* est morte empoisonnée : mais
„ je veux savoir les circonstances du
„ crime.

„ Sire, répondit *Morel* sans se dé-
„ concerter, *V. M.* me regarde, avec
„ justice, comme un scélérat : mais après
„ sa parole sacrée, je serois un imbécille
„ si j'osois lui mentir. *Madame* a été
„ empoisonnée ; le Chevalier *de Lor-*
„ *raine* a envoyé, de *Rome*, le poison
„ au Marquis *d'Effiat*, & nous l'avons
„ mis dans l'eau que *Madame* a bue.

„ Mon Frere (reprit le Roi) le sa-
„ voit-il?... *Monsieur* ? (dit *Morel*)
„ nous le connoissons trop pour lui avoir
„ confié notre secret " !

Alors, le Roi respirant : „ Me voilà
„ soulagé! (s'écria-t-il).... Sortez ".

Pour entendre ce qui regarde le Chevalier *de Lorraine* & le Marquis *d'Effiat*, il faut savoir que le Chevalier *de Lorraine*, d'une figure charmante, d'un esprit séduisant & sans aucun principe, étoit aimé de *Monsieur*, dont le goût étoit connu. Le Chevalier avoit un tel ascendant sur son esprit, qu'il exerçoit sur la maison un tel empire, & qu'il en abusoit au point, que *Madame* n'éprouvoit que des insolences, qu'elle n'auroit pas eu à craindre d'une rivale.

Le Chevalier *de Lorraine* avoit envoyé le poison au Marquis *d'Effiat*, premier Ecuyer de *Monsieur*, son correspondant & son ami, autant que des scélérats peuvent l'être. *D'Effiat* étoit petit-fils du Maréchal de ce nom, & fils du frere aîné de *Cinq-Mars*, Grand-Ecuyer, décapité à *Lyon* avec *de Thou*. C'étoit un homme de beaucoup d'esprit, & qui, ayant connu ce que le Chevalier *de Lorraine* étoit à *Monsieur*, s'y étoit totalement dévoué.

Un des trois témoins de l'interrogatoire de *Morel*, a dit le fait au Procureur-général, *Joly de Fleury*, pere de celui d'aujourd'hui (1771), & le Roi l'avoit dit à Mademoiselle *de la Chausseraye*.

Quelque indignation que la présence du Chevalier *de Lorraine* & du Marquis *d'Effiat* pût réveiller dans le cœur du Roi, ce Prince, ne voulant pas laisser soupçonner qu'il sût rien de cet affreux secret, traita extérieurement *d'Effiat* comme à l'ordinaire, & accorda, après

G vj

quelque temps, à *Monsieur*, le retour du Chevalier.

Il ne s'agit plus que d'expliquer pourquoi le Chevalier fit empoisonner *Madame*.

Louis XIV voulant porter la guerre en *Hollande*, voulut d'abord s'assurer de *Charles II*, Roi d'*Angleterre*. Pour y parvenir, il engagea *Madame*, sœur de *Charles*, à passer en *Angleterre*; & pour que ce voyage parût un effet du hasard, & non d'un projet politique, *Louis XIV* parut aller visiter ses conquêtes des Pays-Bas, & y mena toute la Cour. *Madame* alors prit le prétexte du voisinage, pour demander la permission de passer la mer, & aller voir son frere.

Il n'y avoit d'abord que M. *de Turenne* & *Louvois* d'instruits du vrai motif de ce voyage : mais M. *de Turenne*, amoureux de Madame *de Coetquen*, lui en confia le secret, afin qu'elle prît ses mesures pour en être : celle-ci, qui aimoit le Chevalier *de Lorraine*, ne manqua pas de lui dévoiler ce mystere; & le Chevalier n'eut rien de plus pressé que d'en instruire *Monsieur*. Ce Prince, outré qu'on eût eu assez peu d'égard pour lui cacher un projet où sa femme jouoit le principal rôle, n'osant exhaler son ressentiment contre le Roi, traita *Madame* si mal, que le Roi, dans la crainte que cette dissention domestique ne fît un éclat qui pourroit divulguer le secret du voyage d'*Angleterre*, fit arrêter le Chevalier *de Lorraine*, l'envoya prisonnier à *Pierre-Encise*, & de-là au Château *d'If*.

Alors *Monsieur*, plus furieux que jamais, se retira à *Villers-Coterets*, & y emmena sa femme. Le Roi, employant à la fois l'autorité & la douceur, envoya M. *Colbert* à *Villers-Coterets*, pour ordonner le secret du voyage à *Monsieur*, & le ramener à la Cour. On convint qu'il reviendroit, & que le Chevalier *de Lorraine* sortiroit de prison, mais qu'il iroit pour quelque temps en *Italie*. Le Roi fit ensuite la tournée de *Flandres*, qui couvroit le voyage de *Madame* en *Angleterre*; d'où elle revint le 12 de Juin, après avoir engagé *Charles II* à s'unir à la *France* contre la *Hollande*.

Pendant ce temps, le Chevalier *de Lorraine*, qui sentoit qu'il n'obtiendroit jamais son rappel que du consentement de *Madame*, (ce qu'elle étoit fort éloignée d'accorder,) prit le parti de s'en défaire par le poison.

Le Roi le fit pourtant revenir dans la

suite, & s'en servir pour contenir & gouverner *Monsieur*.

Le Chevalier *de Lorraine* mourut en 1702.

L'Abbé *de Choisi*, à propos de la Ferme du *tabac*, parle d'un bail où le Fermier donna six cents mille livres de pot-de-vin, sans marquer l'année. Il pourroit bien avoir pris pour pot-de-vin, le prix réel de la Ferme.

Le premier bail du *tabac* est du mois de Novembre 1674 : il fut affermé avec le droit sur l'étain, pour six ans, à *Jean Breton*, les deux premieres années cinq cents mille livres, & les quatre dernieres deux cents mille livres de plus.

Elle fut cédée à la *Compagnie des Indes*, en 1720, pour quinze cents mille livres ; & elle est aujourd'hui (en 1771) de vingt-sept millions.

Caumartin, Conseiller d'État, mort en 1720, fut le premier homme de robe qui porta un habit de velours : ce qu'on trouvoit alors un luxe déplacé.

Le Comte *de Tessin*, Gouverneur du Prince Royal de *Suede*, après avoir été comblé d'honneurs pendant le cours d'une longue vie, & avoir paru le plus heureux des hommes, a ordonné qu'on mît sur sa tombe : *Tandem felix !*

Il étoit l'Auteur d'un Conte, sur les estampes duquel *Duclos* a fait celui d'*Acajou*.

Avant le regne de *Louis XV*, aucun Officier des Maisons des Princes du Sang ne pouvoit monter dans les carrosses du Roi. On n'accordoit cet honneur qu'aux grands Officiers des fils ou petit-fils de *France*; c'est-à-dire, de la Famille Royale. Les gens séveres sur l'étiquette, trouverent fort mauvais que M. le Duc *de Bourbon*, qui conduisoit à *St. Denis* le corps de *Louis XIV*, eût fait monter avec lui *Dampierre*, son premier Ecuyer, dans le carrosse du Roi, quoique *Dampierre Cugnac* fût, par sa naissance, fait pour y monter, s'il n'eût pas été domestique du Prince.

Le Maréchal *de Duras*, mort en 1704, disoit au Roi, qu'il comprenoit bien qu'un Roi trouvât un Confesseur qui gagnoit assez dans ce monde pour se damner dans l'autre; mais qu'il ne comprenoit pas que ce Confesseur en trouvât un pour lui.

L'Abbesse *de Maubuisson*, fille de *Fréderic V*, Electeur Palatin, & d'une fille de *Jacques I*, Roi d'*Angleterre*, & dont la naissance étoit le moindre mérite, pria Madame *de Chaulnes*, Abbesse de *Poissy*, d'assister à une bénédiction d'Abbesse qui devoit se faire à *Maubuisson*. Celle-ci fit dire qu'elle ne pouvoit y aller, à moins que Madame *de Maubuisson* ne promît de lui donner la main.

„ Dites à Madame de *Poissy* (répon-
„ dit Madame *de Maubuisson*) qu'elle
„ n'ait point d'inquiétude sur ce sujet :
„ depuis que je suis Religieuse, je ne
„ distingue ma main droite de ma gau-
„ che, que pour faire le signe de la
„ croix ".

La Princesse *de Soubise* ayant écrit à Madame *de Maintenon*, & signé, *avec respect*, la Marquise termina sa réponse par cette phrase : „ A l'égard du *respect*,
„ qu'il n'en soit point question entre nous;
„ vous n'en pourriez devoir qu'à mon
„ âge ; & je vous crois trop polie pour
„ me le rappeller ".

La réponse étoit adroite, & d'une femme qui ne vouloit ni convenir, ni désavouer que le Roi l'eût épousée.

Le Pere *Neuville*, *Jésuite*, avoit fait, fous les yeux du Maréchal *de Belle-Isle*, un mémoire contre le Duc *de Choiseul*. Après la mort du Maréchal, ce mémoire tomba entre les mains du Duc; mais il n'en connoissoit pas l'écriture. Le *Jésuite*, pour plaire, suivant l'esprit de la Société, au nouveau Ministre, lui écrivit, pour lui demander la permission de le nommer avec éloge dans l'oraison funebre du Maréchal.

Le Duc, par l'écriture de la lettre, connut celle du mémoire. Le *Jésuite* prononça, aux *Invalides*, dans son oraison funebre, le trait à la louange du Duc *de Choiseul*; & sur le compliment qu'on lui en fit: „ Le Pere *Neuville* (dit il) „ fait de beaux discours, & de méchants „ mémoires ".

Lorsque les Conférences se tenoient à l'Abbaye de *St. Germain-des-Prés*, chez le Cardinal *d'Estrées*, le Pere *Lalemand*, *Jésuite*, s'avisa de dire: „ Que rien n'é-„ toit plus avantageux pour un Etat que „ l'*Inquisition*, & qu'il faudroit l'établir „ en France ".

Le Maréchal *d'Estrées*, qui, ayant dîné à l'Abbaye, se trouvoit présent à cette conversation qui précédoit la Con-

férence, dit avec douceur au *Jésuite:*
„ Que sans le respect qu'il avoit pour
„ la maison, il le feroit jetter par la fe-
„ nêtre ".

La Terre de *Courson* appartenoit à un Gentilhomme nommé *de Fargues*. Après les troubles de la *Fronde*, où il avoit joué un rôle contre la Cour, l'amnistie publiée, il s'étoit retiré dans sa Terre, où il vivoit tranquille, aimé & estimé de tous ses voisins. Le Comte *de Guiche*, le Marquis, depuis Duc *Du Lude*, *Vardes* & *Lauzun*, s'étant égarés la nuit à un retour de chasse, & cherchant un asyle, la lumiere qu'ils apperçurent les guida vers le lieu d'où elle partoit, qui étoit *Courson*, où ils demanderent retraite jusqu'au jour.

De Fargues les reçut avec joie, leur fit servir à manger, & les combla de politesses. De retour à la Cour, ils conterent au Roi leur aventure, & se louerent beaucoup de *de Fargues*.

A ce nom, qui réveilla dans le cœur du Roi le ressentiment de la *Fronde :*
„ Comment! (dit-il) ce coupable-là est
„ dans le Royaume, & si près de moi "?...
Il manda le premier Président *de Lamoignon*, & lui ordonna de faire rechercher

toute la vie de *de Fargues*. Malheureusement, il se trouva coupable d'un meurtre (les crimes n'avoient pas dus être fort rares dans des temps de trouble); & le Procureur-général eut ordre de poursuivre l'accusé, qui fut arrêté, condamné & décapité, malgré l'*amnistie* qui sembloit avoir dû effacer tout ce qui étoit arrivé auparavant. Quoi qu'il en soit, ses biens furent confisqués, & le Roi donna la Terre de *Courson* au premier Président.

Le Sur-Intendant *Bullion* fit frapper les premiers *Louis d'or*.

Ayant donné à dîner au premier Maréchal *de Grammont*, au Maréchal *de Villeroi*, au Marquis *de Souvré* & au Comte *de Haute-Feuille*, il fit servir au dessert trois bassins remplis de *louis*, dont il leur permit de prendre ce qu'ils en voudroient. Ils ne se firent pas trop prier, & s'en retournerent leurs poches si pleines, qu'ils avoient peine à marcher : ce qui faisoit beaucoup rire *Bullion*. Le Roi, qui faisoit les frais de ces plaisanteries, ne devoit pas la trouver tout-à-fait si bonne.

On contoit devant *Mairan*, qu'il y avoit une Boucherie à *Troyes*, où jamais la viande ne se gâtoit, quelque chaleur qu'il fît. Il demanda si dans le pays on n'attribuoit point cette conservation à quelque chose de particulier? On lui dit qu'on l'attribuoit à un Saint révéré dans le lieu : ,, Eh bien ! (dit *Mairan*) je me ,, range du côté du miracle, pour ne pas ,, compromettre ma physique ".

Le dernier Duc *de Lesdiguieres*, Commandant à *Lyon*, donnoit de son carrosse la bénédiction aux passants. Etant fort vieux, il se maria. Le Cardinal *de Coaslin*, Evêque *d'Orléans*, & oncle de celui de *Metz*, demanda au vieux Duc, pourquoi il se marioit? Pour avoir des enfants (répondit-il).... Mais (répliqua le Cardinal) votre future est, dit-on, bien vertueuse !

Rivaroles, Gentilhomme *Piémontois*, devenu Lieutenant-Général & Grand'-Croix de *St. Louis*, au service de *France*, avoit eu une jambe emportée d'un coup de canon. Il se trouva depuis à la bataille de *Nerwinde*, où sa jambe de bois fut emportée d'un pareil coup : ,, Au dia-,, ble les sots ! (s'écria-t-il) qui ne savent ,, pas que j'en ai d'autres dans mon équi-,, page ".

Delphini, Nonce en France en 1708, entretenoit publiquement une Maîtresse. *Louis XIV* lui fit dire ce qu'il penfoit de cette indécence. *Delphini* fit répondre, „ qu'il étoit fort obligé au Roi; mais „ qu'il n'avoit jamais penfé à être Cardi- „ nal par la protection de la *France* ". Il continua de vivre comme il faifoit, & reçut enfin la barette de la main du Roi.

L'Empereur *Léopold*, mort en 1705, aimoit paffionnément la mufique, & en compofoit d'agréable: telle que le menuet parodié, *Quel caprice!* &c. Etant près de mourir, après avoir fait fes dernieres prieres avec fon Confeffeur, il fit venir fa Mufique, & expira au milieu du concert.

Clermont-Tonnerre, neveu du glorieux Evêque de *Noyon*, étoit attaché à la Maifon *d'Orléans*, & difoit: „ Qu'il ne fa- „ voit pas pourquoi il y reftoit? *Mada-* „ *me*, (mere du *Régent*) ajoutoit-il, eft „ le plus fot homme du monde, & *Mon-* „ *fieur* la plus fotte femme ".

Dom Alonzo Manrique, Grand d'*Efpagne*, & Grand-Ecuyer de *Philippe V*, fuivant à la chaffe la Reine, premiere femme de *Philippe*; cette Princesse tomba de cheval le pied embarrassé dans l'étrier. *Alonzo* saute à terre, la dégage, remonte, & gagne au grand galop un Couvent, pour se soustraire à la mort, comme ayant touché le pied de la Reine.

Tous les Ministres du temps de Madame *de Maintenon*, concertoient avec elle ce qu'ils devoient faire au travail du Roi. Le Comte *de Torcy*, ayant le département des affaires étrangeres, & le secret de la poste, se refusa toujours à cette servitude.

La sépulture des Rois & de la Famille Royale d'*Espagne*, est à l'*Escurial*. Le lieu le plus distingué de cette sépulture se nomme le *Panthéon*, bâti sur le modele de celui de *Rome*, & l'on n'y met que les Rois & les Reines qui ont eu des enfants. On met dans un lieu séparé, les Infants & les Reines qui n'ont point eu d'enfants, après avoir laissé pourrir & dessécher leurs corps dans une muraille qu'on nomme le *Pourrissoir*, où il y a des trous pratiqués pour cet usage. Le corps du Duc *de Vandôme*, mort à *Vignarot*, a été placé dans le *pourrissoir*; mais on ne l'en a point retiré.

Philippe V ayant fait ouvrir le cercueil de *Dom Carlos*, on trouva sa tête à ses pieds. Sur quoi, quelqu'un parlant aux *Hiéronimites* de la sévérité de *Philippe II*, à l'égard de *Dom Carlos* ; un de ces Moines, ignorant & superstitieux, répondit : „ Que ce Prince étoit bien „ coupable, puisque le Pape avoit per- „ mis sa mort ".

A *Tours*, au procès du Pere *Bourgoin*, Prieur des *Jacobins*, qui fut écartelé comme le plus criminel des complices de *Jacques-Clément* ; *Hurault de l'Hôpital*, qui fut depuis Archevêque d'*Aix*, & l'un des Juges lors du procès *de Bourgoin*, opina que dorénavant, en horreur de cet Ordre, il falloit que le Bourreau fût vêtu en *Jacobin*.

Le 18 Février 1677, le Parlement de *Paris* abolit le *Congrès*, qui, depuis 120 ans, étoit en usage sans loi qui l'eût établi, ayant été introduit par l'Officialité.

L'abolition s'en fit à l'occasion du mariage de *Cordouan*, Marquis *de Langei*, avec une *Saint-Simon Courtaumer*.

Après trois ans d'habitation, le mariage fut déclaré nul, pour cause d'impuissance, par Arrêt du 8 Février 1659.

La femme époufa enfuite le Marquis *de Boefle-Caumont*, & *Langei* époufa *Diane de Montault de Noailles*, dont il eut fept enfants. Il avoit protefté devant Notaires contre l'Arrêt.

Le Cardinal *d'Eftrées*, devenu très-infirme, cherchant un adouciffement à fon état dans l'affiduité aux affemblées de l'Académie, demanda qu'il lui fût permis de faire apporter un fiege plus commode que les chaifes qui étoient alors en ufage ; car il n'y avoit qu'un fauteuil pour le Directeur. On en rendit compte au Roi, qui, prévoyant les conféquences d'une pareille diftinction, ordonna à l'Intendant du *Garde-meuble*, de faire porter quarante fauteuils à l'Académie ; & confirma par-là & pour toujours l'égalité académique.

En Mars 1753, *Farinelli* reçut une boîte de cryftal de roche, enrichie de diamants, de la part de l'*Empereur* & de l'*Impératrice*, avec leurs portraits. Toute l'*Efpagne* en fut indignée. L'*Empereur* fit plus quelques mois après : il écrivit de fa main à *Farinelli*, une lettre remplie de proteftations d'eftime, de louanges & d'affurances de protection dans tous les événements. Ce

Ce *Farinelli*, de Musicien *castrat*, étoit devenu favori du Roi d'Espagne, *Ferdinand*, fils de *Philippe V.*

Cafarielli, autre Musicien de même espece, disoit : „ Que *Farinelli* étoit „ Ministre, & qu'il le méritoit bien; car „ c'étoit la plus belle voix qu'il eût ja- „ mais entendue ".

Il s'est retiré, depuis la mort du Roi & de la Reine d'*Espagne*, à *Bologne*, & n'a jamais été insolent dans sa prospérité.

Le desir de plaire à Madame *de Vilette*, fit entreprendre à *Helvétius* le Livre de l'*Esprit*. Il fit le premier Chapitre pour lui expliquer un passage de *Locke* qu'elle n'entendoit pas.

Helvétius n'a couru la carriere des Lettres que par émulation. Il vit un jour, étant fort jeune, *Maupertuis* au Palais-Royal, entouré de femmes qui le caressoient ; & *Helvétius* étoit né avec un grand penchant pour le sexe. Il partit de là, & chercha par les lettres à se donner la même considération.

T....., le Censeur du Livre de l'*Esprit*, dit qu'il n'avoit pas vu la note sur *Malebranche*, dans le Livre dont il s'agit, tandis qu'elle étoit paraphée de sa main. Il vouloit plus : il vouloit nier qu'il eût vu le Livre, & assurer qu'on lui en avoit fourni un autre qui n'étoit point celui qui parut.

Ses amis l'empêcherent de se déshonorer, sous prétexte de se tirer d'affaire.

Dans le temps des persécutions qu'on suscita à *Helvétius* pour son Livre de l'*Esprit*, il reçut une lettre d'une M...., comme elles en écrivent tous les jours aux gens qu'elles savent un peu à leur aise. Elle lui proposoit une fille jeune & charmante.

Cette lettre avoit été écrite à la persuasion d'un *Jésuite*, qui imaginoit qu'*Helvétius* se seroit rendu à l'invitation, afin de le représenter à la Reine, qui le protégeoit, comme un libertin indigne de ses bontés. *Helvétius* eut la certitude de cette manœuvre par la M.... même, qui, pour de l'argent, lui avoua tout.

Le Duc d'*Anjou* allant régner en *Espagne*, & ses freres le conduisant: ,, Vous ,, allez être Roi d'*Espagne*, lui dit le ,, Duc *de Bourgogne*, & moi je serai ,, Roi de France. Il n'y a que ce pauvre ,, *Berry*.... Et moi, interrompit vivement le Duc *de Berry*, âgé de 13 ans, ,, je serai Prince d'*Orange*, & je vous ,, ferai enrager tous deux ".

Rien ne prouve mieux l'idée qu'on avoit en *France* du Roi *Guillaume III*, & ne fait mieux son éloge.

La Ensenada, né dans l'obscurité, avoit d'abord tenu les livres d'un Banquier de *Cadix*. Des talents fort supérieurs à son état le firent bientôt connoître. Il s'éleva par degrés, fut Intendant d'armée, & de-là passa dans le Ministere, où il parut avec l'éclat d'un homme qui s'est créé lui-même. Ayant reçu du Roi un titre de Marquis, le nom qu'il prit (*La Ensenada*, en soi rien,) prouvé combien il étoit au-dessus de la vanité, ou du moins que son amour-propre n'étoit pas d'un ordre commun. Son vrai nom étoit *Zeno Somo de Silva* (*a*).

La Ensenada & *Farinelli* s'étoient connus dans un temps où leur liaison ne faisoit déroger ni l'un, ni l'autre.

(*a*) Plusieurs Espagnols ont pris des noms en mémoire d'événements dont ils se glorifioient. Le Biscayen *Orendayn*, prit le nom *de la Pas*, pour avoir signé la Paix en 1725, entre l'*Empereur* & l'*Espagne*; *Transport Réal*, pour avoir conduit l'Infant en *Italie*. *Navarro*, après le combat de *Toulon*, en 1744, se fit nommer *Victoria*, quoiqu'il fût resté à fond de cale pendant que *Decourt* combattoit.

S'étant retrouvés à la Cour, l'un en place, l'autre en faveur, ils continuerent d'être amis. *Farinelli* se déclara tel avec courage lors de la disgrace de *La Ensenada*: il osa montrer à la Reine le ressentiment qu'il avoit de ce qu'elle ne s'y étoit pas opposée, demanda à se retirer, & ne céda qu'aux excuses de cette Princesse, qui descendit à des bassesses pour le retenir. A l'égard de *La Ensenada*, il ne se montra jamais si supérieur à sa place, que lorsqu'il la perdit. Sur la permission qu'on lui donna d'emmener dans son exil un certain nombre de domestiques, il répondit: ,, Qu'il en avoit eu ,, besoin dans son ministere; mais que ,, dans l'état où il se retrouvoit, il sau- ,, roit encore bien se servir lui-même ". Peu de jours après, on lui envoya une partie de sa maison.

Le Roi qui, en le déplaçant, s'étoit laissé entraîner par la cabale du Duc d'*Huescar*, le regrettoit, & n'en parloit qu'en disant: ,, Le pauvre *La Ense-* ,, *nada* "!

LETTRES

DU CARDINAL DE FLEURY,

Au Cardinal DE TENCIN.

Versailles, 24 *Juillet* 1742.

MA santé s'affoiblit tous les jours, & mon estomac ne fait quasi plus ses fonctions. Il y a déja huit mois que ce mal a commencé; & le travail où je suis assujetti, aussi-bien que mon âge avancé, ne me permettent plus d'espérer qu'il puisse diminuer. Je songe donc, très-sérieusement, à me retirer. Je l'ai tenté inutilement plusieurs fois; mais j'ai trop de confiance aux bontés du Roi, pour croire qu'il me refuse cette grace, par la connoissance qu'il aura du dépérissement entier de mes forces.

Votre Excellence connoît depuis trop long-temps le cas que je fais de ses talents & de ses lumieres pour être surprise que je pense à l'avoir pour mon successeur : mais je n'en parlerai point, que je n'aie auparavant sa réponse sur ce qu'elle pense elle-même de cette proposition. Il ne faut pas que *V. E.* foit effrayée du poids de cette place. Elle demande des foins & de l'application : mais, avec un ordre fuivi, tout devient facile.

Ce qui me paroît le plus néceffaire dans le commencement, eft d'avoir un homme de confiance & capable de la foulager.

J'ai jetté les yeux fur M. *d'Argenfon* le cadet, que le Roi voudroit bien mettre dans fon Confeil, & fur lequel *V. E.* pourroit fe repofer d'une grande partie des détails.

Il a beaucoup d'efprit, il eft très-bien intentionné par principes, & zélé pour les affaires de la Religion ; il eft doux, & d'un commerce très-aimable ; & il m'a paru, dans toutes les occafions où il a été queftion de *V. E.*, qu'il l'honoroit & en penfoit très-favorablement.

Je n'ai dit mon fecret à perfonne du monde, pas même à lui ; & je n'en parlerai au Roi que quand *V. E.* m'aura fait l'honneur de me confier fes fentiments. Si fa fanté eft rétablie, je ne conçois pas qu'elle puiffe & doive refufer. Le changement de miniftere a fes avantages, & donne l'efpérance qu'il en apportera auffi dans les affaires. Quoique je fois bien déterminé à ne me plus mêler de rien, & à me borner au foin de mon falut, je prendrai la liberté, sur-tout dans les commencements, de vous faire part des notions générales que j'ai sur le Gouvernement, & je répondrai avec une parfaite candeur à toutes les questions que *V. E.* jugera à propos de me faire.

J'ai le cœur François, j'aime ma patrie, & je suis tendrement attaché au Roi : je ne le quitterai qu'avec regret, & forcé par mes infirmités & mon grand âge. Ma retraite ne diminuera pas mes sentiments, qui sont légitimes, & je donnerois ma vie pour son bonheur & pour sa gloire : mais je ne pourrois plus lui être utile autant qu'il le faudroit ; il est prudent de prendre son parti, pour ne pas s'exposer à tomber dans un délabrement de santé, d'esprit & de corps, qui seroit aussi déshonorant pour moi que préjudiciable à l'Etat.

V. E. est dans la maturité de l'âge, & elle a toute la vigueur de son esprit : on se doit tout entier à son maître & à sa patrie. Ayez du courage, & Dieu vous aidera. Vos intentions sont droites : il faut seulement travailler à les faire connoître, & en convaincre le public. On va bien loin quand on a gagné ce point important.

Je ne m'étendrai pas davantage sur ce

projet, & j'aurai impatience que *V. E.* me permette d'agir en conséquence.

Je ne puis lui donner une marque plus essentielle de mon respect & de mon attachement.

Signé le Cardinal DE FLEURY.

P. S. Je n'ai point de minute de cette Lettre; & si *V. E.* en gardoit une copie & vouloit bien me faire l'honneur de me la renvoyer, pour la montrer au Roi, je lui en serois très-obligé.

RÉPONSE.

Lyon, 27 *Juillet* 1742.

J'AI été vivement touché de la Lettre particuliere dont *V. E.* m'a honoré, & que j'ai l'honneur de lui renvoyer. Elle m'a pénétré de douleur & d'admiration; de douleur, par rapport à sa santé; d'admiration, par les sentiments de vertu qui y regnent.

J'aurai l'honneur de répondre à *V. E.* avec la simplicité & la vérité qu'exige la proposition qu'elle a la bonté de me faire: que je ne puis, ni ne dois l'accepter.

Je manquerois à ce que je dois au Roi, à ce que je dois à *V. E.* Je suis incapable de la place qu'elle me destine.

Je ne suis point aussi méchant que mes ennemis l'imaginent ; mais je n'ai ni autant d'esprit, ni autant de talents que l'on m'en croit. J'en ai peut-être assez pour réussir dans un ministere particulier, tel que celui de *Rome*, que je connois, & que j'ai étudié depuis long-temps : mais il s'en faut bien que j'aie ce qui est nécessaire pour un ministere tel que celui de *V. E.* Je ne me suis appliqué à rien de ce qui concerne le gouvernement général & les intérêts des Princes; & la Cour est un pays inconnu pour moi.

Je rends grace à *V. E.* d'avoir bien voulu me confier son secret, avant que d'en parler au Roi : Sa Majesté seroit peut-être blessée du refus, bien qu'il ne fût fondé que sur mon zele pour sa gloire, & sur mon attachement à son service.

Dieu m'est témoin que je donnerois ma vie pour constater ses sentiments! J'ose même dire à *V. E.* que j'en donne au moins une petite preuve par mon séjour à *Rome*, où tout me déplaît, & où je resterai cependant tant & si long-temps que S. M. le jugera à propos. Je travaille actuellement à arranger l'administration de mon Diocese, de maniere que je puisse, en y venant tous les deux ans, la concilier avec le poste que j'occupe à *Rome*.

IIᵉ. LETTRE

du Cardinal de Fleury,

Au même.

30 Juillet 1742.

L'AFFAIRE dont j'ai eu l'honneur d'écrire à *V. E.*, est suspendue pour un temps. Je n'en ai point parlé : j'aurai l'honneur de vous en dire les raisons une autre fois; & le secret est toujours le même, sans exception de personne.

RÉPONSE.

4 *Août* 1742.

LE secret ne sera point éventé : je me flatte que *V. E.* a l'expérience que je sais le garder. L'importance de la chose exige même un redoublement d'attention & de fidélité de ma part.

Depuis que je suis en *France*, j'ai appris, avec peine, principalement par celle qui peut en revenir à *V. E.*, les intrigues & les cabales qui agitent & divisent la Cour, ainsi que la ville. Je vois avec étonnement, qu'il en est en *France* comme à *Rome*, où la gratitude est inconnue & méprisée. On prétend même que je suis l'objet d'une partie de ces intrigues. Si la chose est vraie, c'est en pure perte pour les Cabalistes. Je ne suis dans aucune intrigue; &, grace à Dieu! je n'y ai jamais été : je les déteste, comme citoyen & comme serviteur du Roi. Je me suis attaché très-sérieusement à *V. E.*, & je ne m'attacherai jamais qu'à elle & à mon Maître. Vous m'avez mis en état de n'avoir rien à desirer ni à craindre. Je ne puis que tomber sur mes pieds, soit à *Lyon*, dont la résidence me charme, soit à *Rome*, où l'espérance de pouvoir être utile au service du Roi & de la Religion me console de tout ce qui m'y déplaît.

Au nom de Dieu! que *V. E.* ne se laisse point abattre. Elle a plus de force & de courage qu'il n'en faut pour soutenir sa situation présente, & y trouver quelque remede.

IIIᵉ. LETTRE

DU CARDINAL DE FLEURY,

Au même.

11 *Août* 1742.

J'AI déja eu l'honneur de mander à *V. E.* que je ne pouvois trop louer & admirer les motifs qui l'avoient empêché de se rendre aux premieres ouvertures que je lui avois faites, & je ne suis pas en peine du secret de sa part, qui n'est su de personne du monde sans exception; mais je ne crois pas que *V. E.* doive pousser la modestie jusqu'à refuser une place dans le Conseil du Roi, en qualité de Ministre : ce qui ne l'engagera à autre chose qu'à dire son avis. Elle se mettra bientôt au fait des affaires courantes; & j'avoue que je suis fort soulagé de devenir doublement son confrere, & de trouver en elle des conseils utiles & désintéressés dans les conjonctures critiques où nous nous trouvons. Cette nouvelle place l'éloigneroit même moins de son Diocese; & rien ne l'empêcheroit d'y aller quelquefois faire de petits voyages. J'y gagnerai beaucoup de mon côté, & *V. E.* n'y perdra rien du sien.

J'espere d'elle une réponse consolante.

RÉPONSE.

18 *Août* 1742.

LA Lettre particuliere dont *V. E.* m'a honoré le 11 de ce mois, & que je reçus hier, excite en moi un combat qu'elle seule peut terminer. D'un côté, la reconnoissance que je lui dois & dont je suis pénétré, me presse, me fait même desirer tout ce qui peut être de quelque soulagement & de quelque consolation pour elle; de l'autre, j'ai lieu de craindre que, contente des sentiments de mon cœur, elle ne trouve pas en moi, du côté des lumieres & des talents, tout ce que lui font supposer les bontés singulieres dont elle m'honore.

Je la supplie très-humblement, avec les plus vives instances, pour son honneur & pour le mien, j'ose ajouter, pour le service du Roi, de vouloir bien peser ces deux motifs... Après quoi je me rendrai à ses ordres. Heureux toutes les fois que je pourrai lui donner quelques marques de ma reconnoissance, de mon respect, & j'ose dire de ma tendresse!

IVᵉ. LETTRE

DU CARDINAL DE FLEURY,

Au même.

26 Août 1742.

JE ne perds pas un moment pour apprendre à *V. E.* que le Roi vient de déclarer qu'il lui avoit fait l'honneur de la choisir pour venir occuper une place dans son Conseil d'Etat ; Sa Majesté étant persuadée que *V. E.* ne la servira pas moins utilement dans ce nouvel emploi, que dans tous les autres qu'elle a déja exercés pour son service.

Je me flatte qu'elle ne doute pas de ma joie, & du plaisir que j'aurai de profiter de ses lumieres.

LETTRE

DE Mgr. LE CARDINAL DE FLEURY,

à M. de Konigsec.

CE n'eſt qu'avec un extrême étonnement, Monſieur, que je reçois dans le moment, copie de la lettre que j'eus l'honneur d'écrire à *V. E.* le 11 du mois dernier; & qu'au-lieu d'une réponſe dont je croyois pouvoir me flatter, j'apprends que cette lettre eſt dans les mains de tout le monde à *La Haye.*

Je ne devois pas m'attendre, ce me ſemble, qu'un témoignage de politeſſe & de confiance à un Miniſtre de votre réputation, ſur-tout de la part duquel j'avois reçu des aſſurances d'eſtime & de bonté, dût avoir un pareil ſort; & vous m'apprenez un peu durement aujourd'hui, que je me ſuis trompé. C'eſt une leçon dont je vous remercie, & dont je tâcherai de profiter; mais que j'aime encore mieux avoir reçue, que de l'avoir donnée.

Je n'en ai pas uſé de même pour des lettres beaucoup plus importantes que j'ai reçues en différentes occaſions, quoique j'eusse pu souvent en tirer de grands avantages.

Mais apparemment que l'usage est différent à *Vienne :* il est juste de s'y conformer.

Je sais du moins me corriger; & pour commencer à le faire, je me borne, Monsieur, à assurer *V. E.* de tous les sentiments avec lesquels je ne cesse de l'honorer depuis son dernier voyage en *France.*

Louis XIV fit des préparatifs pour faire arrêter le Sur-Intendant *Fouquet*, comme si c'eût été quelque Puissance redoutable. Il se donna la peine de faire exprès un voyage en *Bretagne*, sous prétexte des *Etats*. *Fouquet* l'y accompagna, comme un Ministre des plus utiles : il n'étoit plus alors que Sur-Intendant des Finances; car on l'avoit habilement engagé à se défaire de sa charge de Procureur-général, qu'il vendit à M. *Fieubet*, dans la crainte que le Parlement ne s'opposât à la perte d'un de ses principaux Membres. Dénué de cette protection, il fut arrêté sans opposition & sans bruit à *Nantes* (a), suivant les Historiens, & à

(a) 5 Septembre 1661, & conduit au Château d'*Angers*.

Angers, suivant *Bussy*, en Septembre 1663. Il fut conduit comme un criminel d'Etat à *Paris*, où on érigea un Tribunal pour lui faire son procès, qui commença par les accusations de péculat & de crime d'Etat. On ne produisit pas le troisieme grief, qui tenoit sans doute plus au cœur du Roi que les deux premiers. C'étoit d'avoir voulu débaucher *La Valliere*. Cette fille, fiere de la conquête du Roi, & d'ailleurs désintéressée, se plaignit d'un sujet assez insolent pour avoir voulu chasser sur les plaisirs de son Maître, & le Maître, jaloux, n'en put pardonner le desir. *Colbert* & *Le Tellier* servirent vivement sa passion : ils étoient enragés de la supériorité que l'esprit & la magnificence donnoit sur eux ; & de ce qu'il s'étoit fait représenter avec un écureuil entre huit lézards & un serpent, & pour devise, *Quò me vertam, nescio*, faisant allusion aux armes de chacun d'eux.

Ces deux Ministres, en conséquence, n'épargnerent rien pour faire des crimes de tout à *Fouquet* : comme d'avoir fortifié *Belle-Isle* ; d'avoir fait du bien aux Seigneurs indigents de la Cour ; d'avoir même régalé son Maître, en sa Terre de *Vaux*, avec trop de splendeur.

La chaleur & la précipitation qu'on mit

dans cette affaire, fauva celui qu'on vouloit perdre : car ayant furtivement fait enlever fes papiers de fa maifon de *Saint-Mandé*, dans la crainte qu'on ne les détournât, cela donna lieu à la meilleure défenfe du prifonnier, qui foutint que, par ce vol, on lui avoit ôté les moyens de faire connoître fon innocence & la fauffeté des accufations.

Ce vol fe découvrit, parce que dans l'endroit où l'on avoit enlevé les papiers de *Fouquet*, *Berrier*, commis à l'enlevement, avoit laiffé tomber, par mégarde, une requête préfentée à *Colbert*. L'accufé s'en prévalut très-utilement.

Le fidele & habile *Péliffon* compofa les défenfes de *Fouquet*, dont il étoit commis; & on fait grand cas de cet Ouvrage.

Ces mêmes défenfes perfuaderent fans doute une grande partie des Juges, qu'il étoit moins coupable qu'on ne l'avoit d'abord prétendu & répandu dans le monde. Mais comme il ne leur étoit pas permis de le déclarer innocent, il fut condamné au banniffement par Arrêt du 4 Décembre 1664. De vingt-deux Juges qui avoient été nommés pour faire fon procès, neuf opinerent pour la mort, & treize pour le banniffement.

Le Roi, par un reste d'animosité, ne pouvant savoir libre un homme qu'il haïssoit, commua la peine en une prison perpétuelle. Il y vécut avec des mœurs si régulieres & des sentiments d'une résignation si parfaite aux volontés de Dieu & du Roi, qu'il inspira une compassion générale.

Il faut pourtant avouer que *Fouquet* avoit poussé la vanité, le luxe & la dépense, au-delà des bornes qu'un sage courtisan doit se prescrire. Mais la pénitence qu'il en fit, fut plus honorable que sa faute ne fut criminelle ; & peu de gens ont été aussi grands qu'il le fut dans sa captivité. Elle dura jusqu'à sa mort, qui arriva dans la citadelle de *Pignerolles*, le 2 Décembre 1680, à 66 ans. (*Voyez sur sa disgrace*, Bussy-Rabutin, *la Vie du Vicomte* de Turenne, *& sur-tout ses Défenses, édition de* 1665).

Suivant les Mémoires de Madame *de Motteville*, la cause de son jugement peu favorable, fut l'imprudence qu'il avoit eue de laisser derriere un miroir un Mémoire instructif, adressé à tous ses amis, en cas qu'il fût arrêté. Cela fit présumer qu'il sentoit lui-même qu'il méritoit de l'être.

Il dut la vie à M. *d'Ormesson*, l'un de

ses Rapporteurs; & *Roxante*, un de ses Juges, Conseiller au Parlement d'*Aix*, parla si hardiment en faveur de *Fouquet*, qu'il fut exilé à *Quimper*.

PRÉFACE

Trouvée dans les Papiers de Du- clos, *pour un Manuscrit intitulé :* La Conversion de Mlle. Gautier, *Comédienne, & depuis Carmélite, morte en* 1757.

Mademoiselle *Gautier*, Actrice reçue au Théâtre François en 1716, & retirée dix ans après, étoit grande, bien faite, beaucoup de fraîcheur, & d'un caractere violent. Elle faisoit assez bien des Vers, & peignoit très-bien en miniature. Elle étoit d'une force prodigieuse pour une femme, & peu d'hommes auroient lutté contre elle. Le Maréchal *de Saxe*, à qui elle avoit fait un défi, & qui, à la vérité, l'emporta sur elle à la lutte au poignet, disoit : Que de tous ceux qui avoient voulu s'essayer contre lui, il n'y en avoit guere qui lui eussent résisté aussi long-temps qu'elle. Elle rouloit une assiette d'argent comme une oublie.

Mademoiselle *Gautier* avoit eu plusieurs Amants, & entre autres le grand

Maréchal *de Wirtemberg*, avec qui elle fit un voyage à la Cour du Duc. Ce Prince avoit une Maîtresse qu'il aimoit beaucoup. Soit que Mademoiselle *Gautier* lui fût supérieure par la figure, & qu'elle s'imaginât que la beauté dût régler les rangs entre celles qui tirent de leurs charmes leur principale existence, soit caprice ou jalousie, elle fit tant d'impertinences à la favorite, que le Prince ordonna à Mademoiselle *Gautier* de sortir de sa Cour.

Revenue à Paris, le dépit d'avoir été renvoyée, lui inspira le dessein de s'en venger sur la favorite, par une insulte d'éclat. Elle se rendit, *incognito*, à *Wirtemberg*, & s'y tint cachée quelques jours, pour méditer sur sa vengeance.

Ayant appris que la Maîtresse du Duc étoit à la promenade, en caleche, elle en prit une qu'elle mena elle-même avec deux chevaux très-vifs; & passant avec rapidité derriere celle de son ennemie, elle enleva la roue, renversa la caleche, se rendit du même train à son Auberge, où sa chaise l'attendoit avec des chevaux de poste, & repartit à l'instant pour éviter le châtiment dont elle ne pouvoit douter.

Elle eut depuis pour Amant le Comte

de Chémeroles, fils & adjoint du Marquis *de Sommery*, Sous-Gouverneur du Roi. Il y avoit plus de douze ans qu'elle étoit Carmélite, lorsque *Chémerolles* mourut. L'Evêque de *Rieux*, son frere, me fit lire une lettre sur cette mort, qu'il venoit de recevoir de cette Religieuse : je n'en ai point lu de mieux écrite ; elle étoit de huit pages, & quoiqu'il y parût un peu de crainte sur le salut de cet ancien Amant, la confiance dans la bonté de Dieu étoit la partie dominante de la lettre. La Carmélite, d'une maniere indirecte & avec autant de respect qu'une humble Religieuse croit en devoir à un Evêque, donnoit quelques conseils à celui-ci, dont la vie connue étoit on ne peut moins canonique.

Quoique Mademoiselle *Gautier* eût eu des amants aimables, elle n'avoit eu véritablement d'amour pour aucun ; mais elle en conçut un violent pour *Quinault Dufresne*, son camarade à la Comédie, de la figure la plus noble, que nous avons vu jouer avec tant d'applaudissements, & qui n'a point encore été remplacé. Ils vécurent quelque temps ensemble ; & Mademoiselle *Gautier*, en devenant chaque jour plus passionnée, vouloit l'épouser. J'ai tout lieu de croire, par ce que j'ai su depuis, qu'il le lui avoit fait espérer : mais s'étant refroidi autant qu'elle s'étoit enflammée, il ne voulut plus entendre parler de mariage ; & cette femme, si violente & si absolue tant qu'elle n'avoit pas vraiment aimé, tomba dans l'abattement & la mélancolie!... Tel fut le premier principe de sa vocation : il se fit une révolution totale dans son caractere.

Jamais elle n'eut le moindre retour vers le monde, & jamais Religieuse ni dévote, ne porta plus loin l'humilité Chrétienne : elle se croyoit sincérement indigne de ses compagnes, dont elle éprouva plus d'une fois les mépris.

Des relations qu'elle eut avec la Reine, lui procurerent dans la Maison une considération qu'elle ne cherchoit pas.

Elle avoit un neveu nommé *Masse*, bon violoncelle, & dont il y a même des pieces gravées. Il étoit à la tête de l'Orchestre de la Comédie.

Ce lieu où Mademoiselle *Gautier* gémissoit d'avoir été, lui faisoit desirer d'en tirer son neveu : elle s'adressa à *Moncrif*, & le pria d'engager la Reine à faire placer *Masse* dans sa Musique.

Le motif seul de la Carmélite étant fait pour toucher la Reine, *Masse* fut admis, & Mademoiselle *Gautier* en écrivit

vit à *Moncrif* une lettre de remerciments, qu'il montra à la Reine. Cette Princesse fut enchantée des sentiments de piété de la sœur *Augustine de la Miséricorde*, (c'étoit le nom de Religion de Mademoiselle *Gautier*) & la fit assurer de ses bontés. Il s'établit même, en conséquence, une petite correspondance dévote, dont *Moncrif* étoit le médiateur, & qu'il m'a fait lire. La Reine & la sœur *Augustine* se sont aussi quelquefois écrit directement ; & la Sœur, la veille de sa mort, adressa encore à la Reine les huit Vers suivants, qu'elle fit & dicta à la Religieuse qui la veilloit :

THÉRESE (a), je t'entends !... une éternelle vie,
Brise de mon exil les liens importuns.
Avec une priere offerte par *SOPHIE* (b),
Mon ame va voler sur l'Autel des parfums.
O Reine ! ame céleste & le charme du monde !
Si sur moi tes regards daignerent s'abaisser,
J'implore, en expirant, ta piété profonde !...
Demande mon bonheur ? le Ciel va t'exaucer.

Les personnes qui l'ont connue aux Carmélites de *Lyon*, telles que Madame

---

(a) Patronne des Carmélites.
(b) L'un des noms de baptême de la Reine.

Pallu, Intendante, & Madame *de la Verpilliere*, femme du Prévôt des Marchands, m'ont dit qu'elle avoit conservé la gaieté de son caractere ; que sa vivacité s'étoit changée en ferveur pour ses devoirs, & qu'étant devenue aveugle dans les dernieres années de sa vie, elle se servit toujours elle-même, sans vouloir être à charge à qui que ce fût de la Maison. Elle aimoit les visites, parloit avec feu, énergie & clarté. Elle n'entendoit point parler d'un malheureux, sans être attendrie, & sans chercher à le soulager par le moyen de ses amis. Le Pape lui avoit donné un Bref pour paroître au parloir à visage découvert. Je ne devine pas la raison de cette singularité.

RÉCIT

De la Conversion de Mlle. GAUTIER, *Comédienne, copié sur le Manuscrit original de sa main.*

† J. M.

LE 25 Avril 1722, temps où, plongée dans une mer de délices, (selon les pernicieuses façons de penser du monde) &

goûtant une funeste sécurité dans les ténebres de la mort, où j'étois volontairement, je m'éveille à huit ou neuf heures du matin, contre ma coutume ordinaire. Je me souviens que c'est le jour de ma naissance ; je sonne mes gens : ma femme-de chambre arrive, pensant que je me trouve mal : je lui dis de m'habiller, parce que je veux aller à la Messe ; elle me répond qu'il n'est pas fête, sachant qu'à peine les jours d'obligation m'y faisoient aller. J'insiste ; elle m'habille. Je vais aux Cordeliers, suivie de mon laquais, menant avec moi un petit orphelin de ma mere, que j'avois adopté. J'entends une partie de la Messe sans nulle attention ; vers la Préface, une voix intérieure me demande : *Qui m'amene aux pieds des autels ? Si c'est pour remercier Dieu de m'avoir donné de quoi plaire au monde, & transgresser mortellement chaque jour sa Loi ?*

Cette réflexion, de la plus monstrueuse ingratitude envers le Seigneur, me terrassa au point que je ne saurois l'exprimer !... De la chaise sur laquelle j'étois nonchalamment appuyée, je me prosternai sur le pavé.

La Messe finie, je renvoye chez moi & mon Laquais & l'Orphelin, & demeure abymée dans une perplexité inconcevable. Je me releve tout-à-coup, & vais à la Sacriſtie demander une Meſſe du *St. Eſprit*, auquel un germe de foi qui n'avoit jamais été étouffé par mes déſordres, me faiſoit avoir recours dans les dangers les plus évidents. Le premier mot que je prononce en attendant le Prêtre, c'eſt celui-ci : „ Mon Dieu ! je voudrois bien me „ ſauver.... Mais comment faire ? je tiens „ à des chaînes d'autant plus indiſſolubles „ qu'elles me ſont cheres !... Aidez-moi „ donc vous-même, ô mon Dieu !... Pour „ être éclairée de vos lumieres, je vien- „ drai tous les jours à la Meſſe.... "

Bref, après trois heures d'agitation, ſi je ne m'en retournai pas chez moi juſtifiée, j'étois du moins déterminée à entrer dans le chemin qui mene à la juſtification.

Six mois ſe paſſerent avec ma Meſſe fidélement entendue le matin, & le ſoir mes allures accoutumées.

On m'avoit raillée ſur mes Meſſes : je me déguiſai en femmelette, pour n'être pas connue. On s'en apperçoit; la raillerie redouble; pour lors je me rappelle cette parole de l'Evangile : „ Qu'on ne „ peut ſervir deux maîtres ". Sur quoi je prends mon parti, vers la *Touſſaints*,

intéressantes. 197

d'abandonner le plus dangereux, quoique le plus agréable.

Je commençai par me passer de femme-de-chambre pour m'habiller. Afin de m'accoutumer à la retraite que je méditois, je me retirai doucement des parties de plaisir, sous prétexte d'indisposition. Mais plus le temps paschal approchoit, où j'avois fixé ma retraite, plus mes combats intérieurs devenoient si violents, que la force de mon tempérament y succomba. Un vomissement presque continuel ne m'empêcha pourtant pas d'écrire ma confession générale.

La nécessité de trouver un Confesseur, me détermina à me confier à une vertueuse parente, qui m'avoit souvent & vainement moralisée. Elle s'adressa au Grand-Pénitencier, qui lui indiqua un zélé Vicaire de *Saint-Sulpice*, ma Paroisse. Il me rebuta d'abord, & refusa de m'entendre, jusqu'à ce que j'eusse fait divorce avec le monde : enfin, touché de me voir à ses pieds, où mes larmes & mes sanglots lui peignoient la sincérité de mes sentiments, après m'avoir consolée, dans l'espérance des miséricordes du Seigneur, il me quitta en me renvoyant à un jour plus tranquille.

Quel jour, bon Dieu !... c'étoit le

jour même où, pour la derniere fois de ma vie, les perfonnes qui m'étoient les plus cheres, devoient dîner chez moi.... Mais, quelque cheres qu'elles me fuffent, elles m'étoient alors moins cheres que mon falut.

Ce que je fouffris à table pour ne rien laiffer appercevoir de ma fituation intérieure, ne peut s'imaginer ! La grace & la nature fe faifoient fentir dans tous les replis de mon cœur, fur-tout lorfque quelqu'un me dit : ,, Vous nous faites trop ,, grande chere pour un *Mercredi de la* ,, *Paſſion* "; & qu'on répondit tout de fuite : ,, C'eſt qu'elle nous fait fes adieux ".

Me fentant prête à m'évanouir, je me leve de table, fous prétexte d'un payement à faire, & pour lequel j'avois donné ma parole. Chacun fe leve auffi ; on me conduit jufqu'à ma porte ; je monte en carroffe, & la compagnie fe remet à table : mais le premier coup de fouet du Cocher me fait pouffer un cri fi perçant, qu'entendu par la compagnie, on fe difpofoit à venir à moi. A ce mouvement, je rentre dans un falle baffe ; ma femme-de-chambre leur donne le change, en leur perfuadant que je fuis partie, & que c'eſt l'enfant qu'on a entendu crier. Je remonte alors en voiture, & me fauve à

St. Sulpice, où mon Confesseur m'attendoit.

Là, quelque agitée que je fusse, je commence ma confession; & après une séance de trois heures, où Dieu seul put me soutenir, le Confesseur, vraiment touché de mon état, me remit à un autre jour.

Je rentrai chez moi, où je n'avois plus que quatre jours à demeurer. La désolation s'empara de mon esprit & de mon cœur; j'étois éperdue & tremblante, & me demandois comme *Saint Augustin* : ,, Pourras-tu te passer de tant d'aisances ,, & de biens? de tant de sortes de dou- ,, ceurs qui, jusqu'à ce jour, ont com- ,, blé tes souhaits? Abandonneras-tu ce ,, petit palais, pour aller vivre seule dans ,, une triste cellule, & ne voir que des ,, Religieuses? embrasser enfin, (& pour ,, toute la vie!) un état aussi monotone ,, qu'obscur, & que tu détestas tou- ,, jours?..." Mais je triomphai de ce cruel moment.

Enfin, le jour de ma sortie arrive. M. *Languet*, mon Curé, m'avoit souvent évitée : j'avois toujours ri & badiné de ses pieuses exhortations. Sa joie fut complete, lorsque je lui fis part des miséricordes de Dieu sur moi.

Je passai une partie de la nuit à écrire aux personnes avec lesquelles j'étois engagée de profession, & au pere de mon adoptif, à qui je renvoyois l'enfant, avec vingt pistoles. Je laissai les lettres, avec ordre de ne les envoyer à leur adresse qu'à midi, & de dire à quiconque me demanderoit, que j'étois absente pour long-temps. Après quoi je partis, vers cinq heures du matin, de chez moi, pour n'y jamais rentrer.

Mais au-lieu des combats précédents, j'en sortis avec la même tranquillité que je sors actuellement de ma cellule pour aller au chœur, onze mois, précisément, après cette heureuse Messe!

J'arrive, tout aussi tranquille, à *Versailles*, au lever de feu M. le Cardinal *de Fleury*, & de M. le Duc *de Gesvres*, mes constants protecteurs, desquels j'allois prendre congé. Je passe de leur appartement à la Chapelle du Roi, pour y entendre la Messe, pendant laquelle je me souviens qu'il y a dans le Château une Dame que j'avois violemment offensée; & sortant de la Chapelle, je me hâte d'aller chez elle, & je la fais prier de descendre dans un entre-sol, pour éviter l'éclat de ses premiers mouvements.

A peine y est-elle entrée, que je ferme la porte, & me précipite à ses pieds: ce qui la rend interdite & sans voix. Je lui demande, dans la posture de suppliante où j'étois, un généreux pardon; parce qu'abandonnant le monde, pour faire pénitence, j'avois cru devoir commencer par ce que l'Evangile prescrit de plus difficile.

Cette Dame, un peu revenue de ce qu'elle avoit d'abord cru n'être qu'une illusion, me dit tout ce que la colere d'une femme piquée le plus sensiblement put lui suggérer de plus dur. Après l'avoir écoutée, sans lui répondre, je lui dis, toujours prosternée à ses pieds, que je n'étois pas venue pour me justifier, mais pour lui demander pardon. Que si elle daignoit me l'accorder, je partirois contente. Que si elle me refusoit, Dieu seroit satisfait de ma soumission; mais ne le seroit pas de son refus. A ces mots, elle me tend la main, me fait asseoir, & nous voilà réconciliées.

Je repartis de *Versailles* sans y prendre de nourriture, l'action que je venois de faire m'ayant suffisamment rassasiée. Je me rendis à Paris, dans la Communauté de *Sainte-Perpétue*, où j'avois fait meubler une petite chambre, pour y demeurer jusqu'à ce que l'inventaire de mes meubles & autres arrangements fussent finis.

En entrant dans cette premiere retraite, j'éprouvai invisiblement ce que *St. Paul* éprouva visiblement; puisqu'au-lieu des écailles qui lui tomberent des yeux, je me sentis transformée en une créature toute nouvelle. Montée à cette petite chambre, je me crus montée au Ciel!... Là, tout le passé s'évanouit; maison, biens, amis, plaisirs, tout disparut de mon souvenir; le calme & la paix intérieure où je me trouvai, me faisoient presque douter si ma vie, jusqu'alors, n'avoit pas été un songe. Ma cousine, qui fondoit en larmes, & qui ne pouvoit se séparer de moi, dans la crainte de me laisser seule, & qu'elle ne me trouvât morte le lendemain, ne pouvoit comprendre mon empressement à la renvoyer, pour goûter à loisir le nouveau plaisir de la solitude.

Je dis à la Supérieure que j'avois fait collation le matin, & que je la priois de me donner à souper du reste du dîner de la Communauté. Il ne se trouva qu'un peu de carpe à l'étuvée, que je mangeai avec appétit. Chose admirable! depuis trois mois je ne pouvois garder de nourriture, même les consommés; j'avois même vomi un peu de riz au jus que j'avois pris la veille, à souper. Cette carpe réchauffée, & quelques noix pour deſſert, non-ſeulement reſterent dans mon eſtomac ſans peine, mais je dormis toute la nuit d'un ſommeil auſſi paiſible que celui d'un enfant de huit ans : ce qui a toujours continué depuis.

Dès qu'on ſut ma retraite, chacun lui donna la cauſe qui lui plut : perſonne ne put croire que dans la force de l'âge, (j'avois alors trente-un ans) & de la violence des paſſions, j'euſſe pris, ſans m'y croire forcée, un parti ſi oppoſé à celui que je quittois.... Mon inventaire eſt affiché ; il dure quinze jours, pendant leſquels tout Paris vient ſe convaincre de la réalité de ma fuite ; & chacun s'en retourne touché & attendri des miſéricordes de Dieu ſur moi. On queſtionne ma parente, chargée de mes affaires temporelles, ſur le lieu de ma retraite ; & la trouvant impénétrable, on la prie de me faire tenir une lettre qu'on lui remet, en la ſuppliant de n'y pas manquer.

Cette lettre étoit d'un ami, qui m'exhortoit à ne point perſiſter dans une démarche telle que celle où je m'engageois, ſans doute trop légérement, ſur-tout dans la ſituation gracieuſe où je me trouvois, & dans un âge où les retours ſont preſque toujours inévitables, & les repentirs souvent trop tardifs. Sur quoi l'on me citoit nombre d'exemples faits pour m'épouvanter, si Dieu ne m'eût soutenue & fortifiée par sa grace. En partant des vrais sentiments qui m'animoient, on peut juger quelle fut ma réponse.

Mes affaires enfin rangées, je pars pour le *Mâconnois* la veille de l'*Ascension*, six semaines après ma sortie d'*Egypte*, & où m'attendoit Madame la Marquise *de Valadons d'Arcy*, mon amie, à qui j'avois fait part de ma détermination, en la priant de m'arrêter une place dans le Couvent des *Ursulines de Pondeveaux*, pour y vivre Pensionnaire & inconnue : car la vocation étoit encore bien loin de ma pensée, attendu l'aversion que j'avois toujours eue pour ce genre de vie, & sur-tout pour les Communautés de filles.

En montant dans la *Diligence*, je trouvai, pour compagnon de voyage, M. le Commandeur de *l'Aubepin*, qui, trompé par mon extérieur, me combla de soins & d'attentions respectueuses, jusqu'à *Saulieu*, où la Marquise m'attendoit. Ce qui l'ayant confirmé dans la haute opinion qu'il avoit prise de moi, il me supplia de lui dire à qui il avoit eu l'honneur de rendre ses devoirs? Je lui répondis, franchement, que je m'en garderois bien, moins cependant par vanité pour moi, que pour lui épargner la confusion d'avoir prodigué ses politesses à qui en étoit très-peu digne.

Il prit mon refus pour un compliment, & redoubla ses respectueuses instances. Je lui dis : ,, M. le Commandeur, je ,, vous donne ma parole qu'en arrivant ,, à *Lyon*, vous saurez qui je suis ; & ,, si je perds l'estime que vous avez ,, conçue pour moi, du moins saurez-,, vous que je n'ai pas voulu vous trom-,, per, & que ma bonne foi exige le ,, pardon de mon silence. En effet, je ,, lui écrivis sur le champ qui j'étois, ,, mon dessein de retourner à Dieu, & ,, que je le priois de ne me pas savoir ,, mauvais gré de ma résistance à me ,, faire connoître à lui. Il fut si content ,, de ma candeur, que, jusqu'à la mort, ,, je n'eus point de plus solide & de ,, meilleur ami ".

A peine fus-je installée dans le Couvent de *Pondeveaux*, où les Religieuses m'avoient reçue avec toute la bienveillance possible, que le Démon me tendit un piege. Une personne, dont le nom vous est très-connu, m'écrivit : Que dans la résolution où j'étois de mener une vie retirée, il me conjuroit d'accepter une de ses Terres qu'il me nommoit, pour y finir mes jours comme il me plairoit; & qu'en ce cas, il me la donneroit en bonne forme.

Je le remerciai cordialement de son offre, en lui disant : Qu'ayant quitté ma maison, il ne seroit pas édifiant que j'acceptasse la sienne; & que, quelque pures que pussent être ses intentions, le public pouvoit les mal interpréter.

Les Religieuses m'avoient donné une grande chambre, dans laquelle j'en fis construire trois, comptant y finir mes jours. J'assistois à tous leurs exercices. On avoit pour moi des égards qui m'affligeoient, parce que trompées, ainsi que le Commandeur, sur un certain air du monde & un embonpoint que je n'avois pas encore perdu, on me croyoit de haut parage. Je les tirai d'erreur, comme j'avois détabusé le Commandeur, & elles m'en témoignerent encore plus d'amitié. Je passois les jours à lire, à prier Dieu, menant la vie la plus douce qu'on puisse imaginer.

Je fus pourtant affligée à *Pondeveaux*, pendant les premiers six mois, par des songes qui, chaque nuit, me désoloient beaucoup. Un jour, me trouvant seule

devant le St. Sacrement, dans la peine où j'étois de ces songes impertinents, je m'adressai à la Mere de Dieu, comme si elle eût été présente : ,, Oh, çà, Sainte
,, Vierge ! (lui dis-je, avec la même in-
,, génuité que j'avois parlé à Dieu, aux
,, *Cordeliers*, dix-huit mois auparavant)
,, on dit que vous êtes toute-puissante
,, dans le Ciel ? que vous obtenez pour
,, les pécheurs ce qu'ils osent vous de-
,, mander ?... Si, par votre intercession,
,, je suis délivrée des vexations noctur-
,, nes que je souffre depuis si long-temps,
,, & qui me font horreur, je vous pro-
,, mets de jeûner, au pain & à l'eau, la
,, veille de toutes vos Fêtes, & de com-
,, munier à votre intention ; de porter
,, jusqu'à la mort, sur ma chair, un cor-
,, don de laine blanche avec des nœuds,
,, & de dire chaque jour, bien dévote-
,, ment, votre Chapelet ".

Depuis cet instant, je fus si tranquille sur ce point, & j'ai conservé une si vive reconnoissance envers cette Mere de miséricorde, que je répandrois jusqu'à la derniere goutte de mon sang pour soutenir & son pouvoir & sa bonté.

Il arriva dans ce même temps un événement assez singulier, & où la main de Dieu parut visiblement protéger cette

Communauté. La nuit du jour *Sainte-Anne*, il fit un si prodigieux orage, qu'il sembloit que tout alloit être renversé. Le tonnerre qui rouloit sur le toît de la maison, le cribla entiérement, inonda les greniers remplis de farine ; & l'eau passant à travers les planchers, tomboit à torrents dans l'Infirmerie, sur-tout dans la chambre où gissoit une ancienne Religieuse absolument paralytique. Les autres, qui ne savoient de quel côté tourner, vinrent à ma chambre pour me prier de les aider. Je sors en chemise, & cours au lit de cette pauvre vieille, que personne n'osoit toucher. Je l'enleve aisément ; & j'allois la mettre dans mon lit, qui n'avoit point eu de part à l'inondation, lorsque, la porte s'étant fermée la clef en-dedans, il fallut la porter ailleurs. Le déluge que j'avois essuyé m'avois mise dans un état aussi piteux que risible ; & les Religieuses me prêterent une de leurs chemises, qui fut le premier cilice que je portai. Nous allâmes toutes au grenier, pour sauver ce que nous pourrions de la farine qui tomboit sur nous, à moitié pétrie, sans nous appercevoir du danger que nous courions : car dès que le jour parut, nous vîmes toutes les tuiles pendiller sur nos têtes, sans presque tenir à rien : ce qui fut regardé comme un vrai miracle, & attribué à un Salut que j'avois fondé, à perpétuité, en action de grace des miséricordes de Dieu sur moi, & dont le premier Salut avoit été célébré le soir même.

Après dix mois de séjour à *Pondeveaux*, je vins à *Lyon*, rendre mes devoirs à feu M. le Maréchal *de Villeroi*.

La Maison de l'*Anticaille* me plut beaucoup ; & quoiqu'on n'y reçût point de Pensionnaires, M. l'Archevêque leur demanda pour moi cette grace. J'avois eu quelques inquiétudes à *Pondeveaux*, pour avoir refusé la visite du vieux Comte *de Feuillans*, qui en étoit Gouverneur. D'un autre côté, mon amie la Marquise *d'Arcy*, n'approuvoit pas que je fusse aussi séquestrée que je prétendois l'être, & que je regardasse comme une distraction l'offre qu'elle me faisoit continuellement de passer une partie de la belle saison dans ses Terres, avec elle & sa famille.

Je fis donc revenir mes meubles de *Pondeveaux*, sans me soucier des accommodements que j'y avois fait faire, & qui m'avoient coûté plus de 200 pistoles. Je fis à-peu-près les mêmes fraix à *l'Anticaille*, la regardant enfin comme la derniere de mes ſtations. J'y ſuivis, de même qu'à *Pondeveaux*, les exercices réguliers de l'Ordre de *Sainte Marie*. J'avois pour Directeur le Pere *Deveaux*, de la *Compagnie de Jeſus*, dont les ordres me paroiſſoient être ceux de Dieu même.

Il commença par me conſeiller de me lever à onze heures du ſoir, & de faire l'Oraiſon juſqu'à minuit. Je me tenois bien éveillée pour obéir ; mais à peine étois-je à genoux, que je m'endormois comme une marmotte, juſqu'à je ne ſais quelle heure.

Voyant que cette pratique n'étoit pas de mon reſſort, il m'en preſcrivit une autre, dans une lettre que je reçus de lui.

Il me marquoit que, puiſque j'avois tant d'attrait pour l'expiation de mes péchés, il me conſeilloit de faire uſage de la diſcipline tous les vendredis, pendant l'eſpace d'un *Miſerere*, ou ſur les épaules, ou à la façon des Religieuſes ; qu'on me prêteroit à l'*Anticaille* l'inſtrument néceſſaire, ſinon qu'il m'en fourniroit un lui-même. Qui fut camuſe, à la lecture de cette lettre, ce fut moi. Je croyois avoir la berlue !... Je liſois & reliſois cette belle épître, croyant toujours m'être trompée ; mais j'y trouvois toujours la même propoſition !

„ Quoi donc? me difois-je, avec une
„ efpece de dépit, la difcipline! A moi?
„ Jufte Ciel, quelle impertinence!...
„ Les Béguines font bien maîtreffes de
„ fe foumettre à de telles fottifes. Quant
„ à moi, je n'en ferai rien.... Que faire
„ cependant? C'eft Dieu qui me parle
„ par fa bouche!... Et fi je lui défo-
„ béis?... Mais ce *Miferere* qu'il me
„ prefcrit, je ne le fus jamais?... Eh
„ bien! il faut l'apprendre; il faut fe
„ foumettre au Miniftre de mon Dieu,
„ & fe réfigner à tout, puifque mon fa-
„ lut en dépend ".

Pour ne point rougir en empruntant une difcipline, j'allai couper fix ou fept brins de corde neuve; je les nouai par intervalle; & pendant que la Communauté fe trouvoit en Oraifon, je m'enferme, me découvre les épaules, & m'y applique une grêle de coups, mais dont la douleur fut telle, que je tombai tout-à-plat fur le nez, prefque fans fentiment.

Je pleurai de dépit, non de dévotion, bien réfolue de chanter une gamme très-vive à mon Directeur flagellant.

La nuit fe paffa comme il plut à Dieu, fans pouvoir ni fermer l'œil, ni me tenir fur aucun côté. Le matin, je trouvai mes épaules tricolores de meurtriffures, &

sortis outrée de colere, pour aller à *St. Joseph* rendre compte au zélé Directeur de ce que m'avoit valu trop de soumission à ses conseils.

Hélas ! dès qu'il parut avec son extérieur imposant, je me trouvai si foible, que je ne pus répondre aux questions qu'il me fit sur la cause de ma visite. Le seul mouvement de mes épaules le lui disant assez, il me le fit aisément avouer, en lui disant enfin très-franchement que j'avois pourtant accepté sa proposition, quoiqu'elle m'eût scandalisée ; mais que je le priois de vouloir bien ne plus exiger que je réitérasse un pareil exercice. Il me le promit sur le champ, en m'assurant cependant qu'avant très-peu de jours je le lui redemanderois à genoux, mais qu'il n'y consentiroit pas.

„ Oh ! quant à ce, (lui répondis-je,
„ avec quelque dépit) vous aurez la bar-
„ be bien longue avant que votre oracle
„ s'accomplisse " !

Il avoit pourtant raison le bon Pere ; car je ne fus pas plutôt rentrée chez moi, que la honte de ma démarche & de ma lâcheté, me fit bientôt changer de sentiment & de langage.

Ces Vierges pures avec lesquelles je vivois, & qui joignoient la pénitence à la plus innocente vie, faifoient ma condamnation; & mes épaules n'étoient pas guéries, que je demandai, très-humblement, ce que j'avois rejetté avec indignation. Le bon Pere, mais pour la forme feulement, fe fit un peu prier; car il eût été bien fâché de ne pas contribuer à la mortification de cette chair fi potelée, & fi douillettée, & à laquelle je croyois encore devoir de fi tendres égards. Auffi me fournit-il abondamment tout ce qu'il me falloit pour travailler à réparer les torts de ma premiere poltronnerie.

Je ne finirois pas, fi j'entrois une fois dans le détail des autres aventures de ce genre, auxquelles j'eus d'abord peine à me faire, & qui me conduifirent par degrés à la vocation religieufe, pour laquelle j'avois toujours nourri une fi forte antipathie.

Les Dames qui avoient des bontés pour moi, que je n'oublierai jamais, s'étonnoient que m'affujétiffant à toutes leurs obfervances, je ne penfaffe point à offrir à Dieu l'entier facrifice de ma liberté. Sur quoi je les priai de vouloir ne me point parler d'un tel engagement, fans quoi je pourrois ne plus vivre long-temps avec elles.

On ne m'en parla plus: mais on me fit

lire la vie de Madame *de Montmorenci*, qui, après la funeste mort de son époux, prit le voile à *Sainte-Marie*. Ce grand exemple me toucha ; j'y réfléchis profondément, & fis part au P. *Deveaux* de mes réflexions, qui m'assura que le plus grand sacrifice qui me restoit à faire à Dieu, étoit celui de ma liberté. C'étoit ne rien m'apprendre de nouveau ; je le sentois très-bien. Mais ce qui me surprit beaucoup, ce fut de m'y trouver à-peu-près disposée !

C'est dans le mois de Juillet 1724, que ceci se passoit ; & lorsque j'en fis part à la Supérieure & à quelques Religieuses, leur amitié pour moi prit un nouvel accroissement.

J'écrivis quelques jours après à Paris, d'où je fis venir ma parente pour disposer de mon temporel, attendu que je comptois prendre l'habit de Religion très-peu de temps après.

Pendant cet intervalle, on me fit tomber dans les mains l'Histoire du fameux *Rancé*, Fondateur, ou plutôt Réformateur de la *Trappe*. Mais, grand Dieu, quelle attrape !... A peine eus-je reconnu dans cet illustre Pénitent une conformité si grande entre les égarements de sa jeunesse & ceux de la mienne, que toute regle douce me déplut; & que je promis à Dieu, de toute l'étendue de mon cœur, d'imiter, autant qu'il pourroit être en moi, ce Pénitent dans ses austérités, ainsi que j'avois fait dans les désordres de sa vie. J'aurois même volé, sur le champ, aux *Clairettes* (filles à l'*instar* de la *Trappe*), si le P. *Deveaux* ne m'eût fortement assuré que je trouverois chez les *Carmélites* tout ce que j'aurois pu desirer à la *Trappe*.

Je confiai mon dessein à feu M. l'Archevêque *de Villeroi*, qui m'honoroit d'une bienveillance particuliere. Il voulut d'abord m'en détourner; mais lui ayant ouvert mon cœur, & l'ayant assuré que je me sentois étrangement pressée de satisfaire à la justice divine, il fut si pénétré de mon état, qu'il s'écria tout-à-coup : ,, Le doigt de Dieu est là ! j'irai ,, demander aux *Carmélites* une place ,, pour vous ''.

Mais, Monseigneur, (lui dis-je) n'omettez pas de leur dire ce que j'ai été dans le monde ? car que je ne veux tromper personne.

Il le fit, & leur dit la profession que j'avois exercée chez le Roi & à *Paris* : ce qui les effraya beaucoup. Mais le Prélat leur ayant dit qu'il se chargeoit de tous leurs scrupules, la Mere supérieure, qui favorisoit mon dessein, m'écrivit, que je n'avois qu'à prendre jour pour me présenter à la Communauté, & pour de suite entrer dans la Maison.

Je ne voulois pas que les Dames de l'*Anticaille* eussent le moindre vent de tout ceci; parce que, m'ayant beaucoup aimée, & moi les aimant de même, je croyois devoir éviter de tendres reproches, qui n'auroient sans doute servi qu'à rendre notre séparation d'autant plus douloureuse.

Je me rendis donc aux *Carmélites* de *Lyon*, le 14 Octobre 1724, & d'où j'écrivis à la Supérieure & aux Religieuses de l'*Anticaille*, pour leur demander pardon du mystere que je leur avois fait, par pure défiance de moi-même, &c.

C'est ainsi que le Seigneur, par sa miséricorde infinie, m'a fait entrer dans la Terre des Saints, dix-huit mois après m'avoir fait sortir de celle de perdition, où la seule indigence m'avoit conduite; puisque nul de mes parents n'étoit sorti de la simplicité & de l'honnêteté Chrétienne. Le seul dérangement d'un pere m'avoit réduite, à l'âge de dix-sept ans, grande, & de figure (disoit-on) assez prévenante, à ne savoir quel parti prendre.

J'avois

J'avois horreur du vice, & n'en eus pas moins de la proposition qu'on me fit d'embrasser l'état de Comédienne.... A quoi l'on me répondit que ce préjugé ne régnoit plus que chez le peuple & les cagots; tandis que la Cour & la ville pensoient différemment, & regardoient d'un tout autre œil ceux qui exerçoient des talents devenus aussi utiles qu'agréables.

On persuade aisément la jeunesse!... Mais l'expérience m'apprit combien la perversion devient inévitable à cet état, pour qui n'est pas en garde contre tous les écueils qui l'environnent; puisque, sans autre travail que celui de la mémoire, on vit dans l'opulence & dans de continuels amusements de toute espece: au point que les trois dernieres années que je restai au Théâtre me rapporterent, tous frais faits, quarante-quatre mille francs.

Quelle amorce pour un cœur qui n'envisage que le présent! Et quelle miséricorde que celle qui peut l'arracher à une vie aussi voluptueuse, sur-tout dans la force de l'âge & des passions!...

J'avouerai néanmoins y avoir connu des personnes aussi estimables par les mœurs que par les talents: mais je ne fus

K

pas de ce nombre ; & j'ose le dire, à ma honte, ainsi qu'à la gloire du Dieu dont la grace éclate d'autant plus dans ma conversion, que, pour signaler son pouvoir, elle a choisi en me touchant le sujet le moins digne !

En entrant dans la sainte Maison qui verra finir ma carriere, je sentis que le Seigneur avoit rempli tous mes desirs.

Il permit cependant que quelques méchants hommes vinssent, dès la premiere nuit, faire & dire à la porte du Monastere, tout ce qu'il étoit possible d'imaginer de plus propre à m'en faire chasser.

La Prieure, après de vaines informations pour les connoître, en fit part à M. l'Archevêque, & qui, probablement mieux instruit, trouva moyen de prévenir de si cruels éclats.

On débita depuis que je n'étois pas née en légitime mariage ; ce qui mettoit un obstacle invincible à mon admission dans ce saint Ordre.

Je le mandai à M. le Curé de *Saint-Sulpice*, qui daigna joindre à mon extrait baptistaire, une lettre en forme de certificat, qui confondit la malice du Démon.

Ces épreuves & nombre d'autres que je crois devoir taire, loin de me décourager, ne servoient, au contraire, qu'à me faire d'autant plus bénir la miséricorde de Dieu, au point que je crus ne pouvoir mieux faire que de la choisir pour mon nom de Religion.

Je suppliai alors la Prieure de permettre que je vécusse inconnue, sans aucune correspondance avec mes amis, ni même avec mes parents : ce qu'elle crut devoir me refuser.

Je l'avois priée, dès en entrant, de ne me point ménager, & de me faire pratiquer d'abord, tout ce que je pourrois avoir à pratiquer dans la suite : attendu qu'ayant perdu tant de temps dans le monde, il m'étoit important de n'en pas perdre un seul moment dans le sein de la Religion. Elle daigna se prêter à mes instances, en m'exceptant des prudentes attentions qu'on a dans les Communautés pour les nouvellement initiées.

On me mit le balai à la main, le jour même de mon entrée.

Laver la lessive, tirer de l'eau d'un puits très-profond, frotter les tables du réfectoire, porter les cruches de chaque sœur à leur place, laver la vaisselle de terre à notre usage, écurer les marmites & le poële de la cuisine, fut un plaisir pour moi, beaucoup plus grand que ne l'avoient été mes anciennes mollesses.

A ces occupations, qui durerent quatre ans, succéda celle de faire les *Alpargates*, ou souliers de corde pour toute la Communauté ; d'avoir soin de l'horloge, pour laquelle il falloit chaque jour monter, à force de bras, trois pierres d'un poids énorme. Je fus trois ans dans cet emploi, qui, m'ayant un peu dérangé l'estomac, fut remis à une autre.

Après les trois premiers mois d'épreuves, je fus admise au saint habit, le 20 Janvier 1725. M. l'Archevêque eut assez de bonté pour présider à la cérémonie. Malgré toute la rigueur de la saison, la ville entiere y assista : tant on avoit eu peine à se persuader qu'il se fût fait en moi un changement si étrange, & que moi-même avois quelquefois peine à croire !

Le souvenir du passé, ainsi que la vue du présent, n'avoient besoin d'aucun secours pour m'entretenir dans mes résolutions. Les miséricordes d'en-haut me rendoient mes anciennes erreurs d'autant plus odieuses ; mes yeux étoient deux fontaines de larmes, & de larmes les plus sinceres.

intéressantes.

Quelques jours avant ma profession, Dieu permit à *Satan* de m'exercer plus que jamais, en me peignant l'extrême importance de l'engagement que j'allois prendre, sur-tout avec des Religieuses, dont le nom seul m'avoit toujours déplu !... Le Ciel daigna me soutenir ; & l'approche seule des Sacrements écarta pour jamais de mon esprit de pareilles idées.

Je prononçai mes derniers vœux avec une voix ferme, & une joie qui surprit tous les assistants ; & cette joie ne se démentit jamais.

Quelque temps après ma profession, Dieu, cependant, permit que le Démon me tourmentât sur nouveaux frais. Non comme à *Pondeveaux*, par des songes impertinents : mais le jour & la nuit je me trouvois dans des états qui me faisoient horreur. Je n'eus point recours aux épines, ainsi que *St. Benoît*; encore moins au feu, comme *Martinien* : ce fut à l'équivalent de l'un & l'autre ; & le Tentateur fut confondu.

Mon Directeur, conformément à sa promesse, m'avoit laissé la bride sur le cou. Alors, pour ajouter à l'austérité commune, j'y joignis toutes celles que mes forces & mon courage pouvoient me permettre de journellement pratiquer.

Je commençai par un vœu de ne jamais boire de vin, pas même en danger de mort, dût-il n'en falloir qu'une goutte pour prolonger ma vie. Pendant douze ans de suite, avec la permiſſion du P. *Deveaux* & le ſecours d'en-haut, je me ſuis exercée chaque jour à faire ſervir à la juſtice Divine les membres qui avoient ſervi à l'iniquité; & une grande maladie ayant enfin affoibli mes forces, je m'en ſuis tenue depuis à l'auſtérité de la regle, & à un entier abandon aux décrets de la Providence.

J'ai cette grace particuliere à rendre au Seigneur, que depuis l'inſtant que j'ai quitté le monde, juſqu'à ce jour, 10 Août 1747, je ne l'ai jamais regretté une ſeule fois, malgré les épreuves qu'il m'a fallu ſubir, & les violences qu'il a fallu me faire pour vaincre mon extrême ſenſibilité : violences ſi grandes, & qui ont tellement pris ſur mon tempérament, que mes cheveux & mes ſourcils, de très-noirs qu'ils étoient, ſont devenus tout blancs.

Qu'on juge de l'intempérance & de l'efferveſcence de mes paſſions, par les écarts & les périls auxquels elles m'ont expoſée lorſqu'il s'agiſſoit de les ſatisfaire !... A quels dangers ne s'expofoit pas une fille de vingt à vingt-deux ans, en allant de *Paris* dans le *Wirtemberg*, & du *Wirtemberg* à *Paris*, dans une voiture de pofte, à la merci d'un feul laquais & d'un poftillon ! Ce laquais, plus timide & plus las, les fentant beaucoup mieux que moi, s'approchoit fouvent de ma chaife, & fur-tout dans les bois de *Nancy* & de *Sainte-Menehoud*, en me difant d'une voix entre-coupée : „ *Mademoifelle*, „ favez-vous que nous voici dans de vrais „ coupe-gorges?... " A quoi je répondois : „ Marche toujours, & ne crains „ rien ; tu fuis *Céfar* & fa fortune " ? Certaine nuit, dans une Auberge, on entre dans ma chambre ; & croyant qu'on vient m'avertir que les chevaux font à ma chaife, j'appelle mon laquais, & perfonne ne me répond. Tandis que l'on s'approchoit de mon lit, je crie auffi-tôt au voleur, & le voleur intimidé s'enfuit. Je m'élance du lit, il m'échappe. On vient au bruit. Je m'en prends à l'Hôte, qui s'excufe fur trois voitures arrivées la nuit : „ C'en eft affez, lui dis- „ je ; qu'on mette les chevaux à ma voi- „ ture " ? On obéit, & je pars fur le champ, fans penfer davantage au voleur.

C'est ainsi que Dieu, par une Providence marquée, m'a toujours préservée des accidents & des périls dans lesquels je me précipitois chaque jour, malgré les sages remontrances des personnes les plus respectables par leur rang, par leur âge & par leur vertu.

Lorsqu'elles me demandoient si j'approchois quelquefois des Sacrements? Non, sans doute, leur disois-je. — Eh! pourquoi donc? — Je ne veux pas les profaner, ni renoncer à mes plaisirs avant quarante-cinq ans. — Mais n'avez-vous pas de remords? — Moi!... Non.... A quel propos? Je ne fais aucun tort à mon prochain. Quand au Paradis futur, je le laisse à qui voudra, contente de celui dont je jouis tout de mon mieux.

Délire affreux! Aveuglement funeste, & dont je frémirai toujours!

C'est pourtant sur cette insensée que le Ciel a daigné jetter un coup d'œil de compassion, assez puissant pour me rendre à moi-même! Car il m'avoit douée d'une bonne ame, d'un cœur sincere & droit, sensible, bienfaisant, & susceptible des sentiments les plus estimables, ainsi que d'une juste horreur pour les vices déshonorants. Mais le peu d'aisance de ma famille ayant fait négliger mon éducation, pouvois-je, jeune encore, au moment où je me trouvai libre & fans fortune, avec un tempérament tout de feu; pouvois-je, dis-je, être long-temps ce qu'on appelle vertueufe?... Auffi Dieu fait ce qu'il m'en a coûté pour ceffer de l'être!... Il fait qu'à dix-neuf ans, me trouvant en *Flandres*, aux portes de la mort, je lui promis, & très-fincérement, de renoncer aux dangereux état qu'on m'avoit forcée d'embraffer, fi l'on vouloit feulement m'affurer deux cents livres de penfion. On le pouvoit, on le devoit fans doute?... Mais que le Ciel pardonne à ceux qui s'y font refufés!

Vous avez exigé de moi cet abrégé de mes égarements, & d'une converfion que l'on eut tant de peine à croire? Cruels reffouvenirs, & qui m'ont coûté bien des larmes!... Souffrez que j'exige, à mon tour, que vous m'aidiez à rendre à Dieu d'éternelles actions de grace, pour qu'il couronne en moi fes propres bienfaits, en m'accordant une perfévérance dans le bien, capable d'expier à l'heure de ma mort les maux dont j'ai déshonoré ma vie!

PRÉFACE

De l'Histoire à laquelle travailloit Duclos, *Secretaire Perpétuel de l'Académie Françoise, & Historiographe de France.*

Aussi-tôt que le Roi m'eut nommé Historiographe, mon premier soin fut de rassembler les pieces qui m'étoient nécessaires.

J'ai eu la liberté d'entrer dans les différents dépôts du Ministere, & j'en ai fait usage long-temps avant d'écrire. J'ai lu une infinité de Mémoires, & les Correspondances de nos Ambassadeurs. J'ai comparé les pieces contradictoires, & souvent éclairci les unes par les autres.

Les *Mémoires* du Duc *de Saint-Simon* m'ont été utiles pour le matériel des faits dont il étoit instruit.

Mais la manie *Ducale*, son emportement contre les Princes légitimés & quelques gens en place, sont à un tel excès, qu'ils avertissent suffisamment d'être en garde contre lui.

En effet, quelque vrai que soit un Ecrivain, quelque air qu'il ait de l'être, la seule maniere d'envisager les choses peut les altérer. C'est ce qui arrive à cet Auteur.

J'ai donc contre-balancé son témoignage, par des Mémoires que m'ont communiqués des hommes également instruits & nullement passionnés; par des pieces en original.

J'ai conversé avec plusieurs de ceux qui ont eu part aux affaires. J'ai tiré de grands secours de la domesticité intime du Roi, composée de Sujets dont la plupart ont eu la même éducation que les Seigneurs, & sont d'autant plus à portée de voir ce qui se passe, que, témoins assidus & en silence, ils n'en observent que mieux ceux qui agissent. J'indiquerai mes sources, lorsque le temps & les circonstances le permettront.

J'ai connu personnellement la plupart de ceux dont j'aurai à parler; j'ai vécu avec plusieurs d'entre eux; & n'ayant jamais joué de rôle, je puis juger les Acteurs.

Je ne me propose par d'écrire une Histoire générale: celle qui embrasseroit toutes les parties du Gouvernement, ne pourroit être l'ouvrage d'un seul Ecrivain. La Politique, la Guerre, la Finance, exigeroient chacune une Histoire particuliere, & un Ecrivain qui eût fait son objet capital de l'étude de sa matiere. L'article de la Finance seroit peut-être le point d'Histoire qu'il seroit le plus important d'éclaircir, pour en découvrir les vrais principes. Ceux de la Politique dépendent des temps, des circonstances, des intérêts relatifs & variables des différentes Puissances.

Qu'un Négociateur ait l'esprit juste, pénétrant, exercé aux affaires; qu'il soit attentif, prudent, patient ou actif, ferme ou flexible suivant les occasions, sans humeur, & sur-tout connu par sa droiture; je réponds qu'un Négociateur doué de ces qualités, & qu'on trouve quand on les cherche, n'a pas besoin d'avoir pâli sur les livres. Il lui suffit de bien connoître l'état actuel des affaires, & plutôt ce qui est, que ce qui a été. D'ailleurs, plusieurs négociations imprimées peuvent, jusqu'à un certain point, servir de premiers guides & préparer l'expérience. Le seul principe toujours subsistant dans toute négociation, est de savoir montrer à ceux avec qui nous avons à traiter, que leur intérêt s'accorde avec le nôtre.

Quant à l'Art de la Guerre, l'homme

qui en a le génie, n'a besoin pour la faire, que de l'avoir faite.

Il ne me convient pas de prononcer sur ce métier, que je n'ai pas fait ; mais j'ai souvent entendu traiter cette matiere par nos Officiers généraux les plus estimés. Tous prétendoient que dans un assez petit nombre de Mémoires imprimés, on trouve les secours nécessaires pour la théorie.

Il n'en est pas ainsi de la science économique d'un Etat, de l'administration des Finances, partie du Gouvernement plus ou moins imparfaite chez les différentes nations, & qui n'est chez aucune au point de perfection où l'on sent, du moins, qu'elle pourroit atteindre. Il seroit d'autant plus utile d'en rechercher les principes, pour les consigner dans l'Histoire, que la finance est (dit-on) le nerf de toutes les opérations civiles & militaires : axiôme incontestable, si, par la finance d'un Etat, on entend l'art de procurer l'opulence nationale, qui exclut également la misere commune & le luxe particulier, l'épuisement des peuples & l'engorgement des richesses dans la moins nombreuse partie d'une nation ; l'art enfin d'opérer une circulation prompte & facile, qui feroit refluer dans le peuple la totalité de l'argent qu'on y auroit puifé.

Il n'y a donc eu, jufqu'à ce jour, que des Financiers, & nulle finance de l'Etat. Les Hiftoriens de tous les pays & de tous les âges, ne nous apprennent rien à cet égard. Ils nous parlent de féditions & de révoltes, à l'occafion des impôts; mais ils ne nous mettent pas en état de juger fi c'étoit par la furcharge feule, ou, ce qui eft plus vraifemblable, par une adminiftration vicieufe. *Mézerai*, qui s'éleve fi fouvent contre les Financiers, inftruit des maux paffés, témoin des maux préfents, crioit avec les malheureux contre les oppreffeurs; mais il ne révele pas le fecret de leurs crimes. Pourquoi? C'eft qu'il l'ignoroit, & n'étoit pas plus en état de s'en inftruire, que ne l'avoient été les Hiftoriens antérieurs. Je me fuis trouvé, en écrivant l'Hiftoire d'un regne, dans la même difette de monuments.

Des Politiques ont développé leurs négociations, des Guerriers ont laiffé des Mémoires & des Ouvrages didactiques. Quels Financiers ont eu affez de remords pour expier leur profeffion par une confeffion publique?... Leurs mémoires ne donneroient pas fans doute les vrais principes d'une finance de l'Etat ; mais ils feroient connoître les erreurs qu'on doit éviter : c'est ainsi qu'avant d'élever un édifice, il faut nettoyer l'emplacement de tout ce qui peut embarrasser la construction. Ce n'est pas qu'il n'y ait eu, dans tous les temps, des Financiers estimables, qui, n'étant pas en état, ou en droit de tracer la vraie route, suivent le plus honnêtement qu'ils peuvent les voies tortueuses où on les fait entrer, & laissent leurs stupides Confreres admirer ce qu'ils appellent *une belle machine*. Le secret de la finance, enfin, est couvert d'un voile que chaque intéressé s'efforce d'épaissir.

Depuis quelques années, la Philosophie se portoit sur cet objet important ; le voile alloit se déchirer ; ceux qu'il couvre étoient déja dans la consternation ; lorsqu'à une occasion, dont je parlerai, on intercepta la lumiere. On a renouvelé ce que *Julien* imagina, dit-on, contre les Chrétiens, en fermant leurs écoles.

Tout Ministre assez présomptueux pour méconnoître son ignorance, ou qui craint de la manifester, en cherchant à s'instruire, veut tenir le peuple dans les ténebres, & n'avoir que des aveugles pour témoins de ses démarches.

S'il a des lumieres, & qu'il ait intérêt d'en abuser, il les redoute dans les autres : on couvre les yeux de ceux que l'on condamne à tourner la meule. Les gens en place savent que le plus audacieux dans son despotisme, est, tôt ou tard, forcé de subir la loi d'un peuple éclairé.

Cet esprit de servitude qu'on veut inspirer à une nation, n'est pas la moindre cause de la dépravation des mœurs; & les mœurs une fois corrompues, fortifient le despotisme qui les a fait naître & favorisées. Tout amour de la gloire s'éteint, & fait place au desir des richesses qui procurent le bonheur dont on jouit dans l'avilissement.

Nos aïeux aspiroient à la gloire toute nue : ce n'étoit pas, si l'on veut, le siecle des lumieres; mais c'étoit celui de l'honneur. On ne s'intrigue aujourd'hui que pour l'argent : les vrais ambitieux deviennent rares. On cherche des places, où l'on ne se flatte pas même de se maintenir; mais l'opulence qu'elles auront procurée, consolera de la disgrace. Les exemples en sont assez communs.

Si cette Histoire n'est ni militaire, ni politique, ni économique, du moins dans le sens & dans l'étendue que je conçois pour ces différentes parties, on me demandera, quelle est donc celle que je me propose d'écrire?... C'est l'Histoire *des Hommes & des Mœurs.*

Je rapporterai, dans tous les genres, les principaux faits qui me serviront de base; j'en rechercherai les causes, & j'espere en développer quelques-unes assez ignorées.

Je m'arrête peu sur ces événements qui se ressemblent dans tous les âges, qui frappent si vivement les acteurs & leurs contemporains, & deviennent si indifférents pour la génération suivante. Au moral comme au physique, tout s'affoiblit, & disparoît dans l'éloignement.

Mais l'Histoire de l'humanité intéresse dans tous les temps, parce que les hommes sont toujours les mêmes, que l'intérêt est indépendant des personnages & des époques. Si je rapporte quelques faits peu importants par eux-mêmes, le Lecteur jugera bientôt que ces faits particuliers font mieux connoître l'esprit d'une nation & les hommes que j'aurai à peindre, que ne le feroient des détails de sieges & de batailles.

On dit ordinairement que l'Histoire ne doit paroître que long-temps après la mort de ceux dont elle parle : autrement on craint que l'Ecrivain n'ait pas eu les moyens de s'inftruire, ou n'ait trahi la vérité, par égard pour ceux qui exiftent encore, ou pour leur famille ? J'ai prévenu la premiere de ces craintes, en rendant compte des fecours que j'ai eus, & du foin que j'ai pris. La lecture feule de mon Ouvrage diffipera pleinement la feconde.

Je penfe, au contraire, que l'Hiftoire, pour être utile, ne fauroit paroître trop tôt. Il feroit à defirer que ceux qui ont eu part au Gouvernement, puffent entendre d'avance la voix de la poftérité, fubir la juftice hiftorique, recueillir l'éloge ou le blâme qu'ils méritent (*a*), apprécier les louanges infectes de leurs adulateurs, connoître les vrais jugements du public, fe voir enfin tels qu'ils font dans le miroir de l'Hiftoire.

On m'a fouvent preffé de donner quelques morceaux du regne préfent. J'ai toujours répondu que je ne voulois ni me perdre par la vérité, ni m'avilir par l'adulation; mais je n'en remplis pas moins mon emploi. Si je ne puis parler à mes

---

(*a*) *Præcipuum munus Annalium, nè virtutes filentur, utque pravis dictis factifque ex pofteritate & infamiâ metus fit.*

contemporains, j'apprendrai aux fils ce qu'étoient leurs peres. De quelle utilité peuvent être des exemples, bons ou mauvais, pris dans l'antiquité?... Mais un fils qui voit la justice prompte qu'on rend à son pere, s'efforce de mériter le même éloge, ou craint d'encourir pareil blâme. Averti par des faits récents, il peut être touché de l'honneur ou de la honte que sa mémoire répandra bientôt sur ses enfants. Il se dira quelquefois : On écrit actuellement; & le public, une partie de mes contemporains, ne tardera pas à me juger!.... peut-être même en serai-je témoin.

L'intérêt qu'on prend à des ancêtres reculés de plusieurs siecles, est d'une toute autre nature. On se glorifie, avec raison, de descendre d'un grand homme; mais on ne rougit pas d'avoir pour auteur de sa race, un fameux fléau de l'humanité. Le grand objet est de venir de loin. J'ai entendu des Bourgeois de Paris, excellents Citoyens, très-attachés à la Monarchie, se faire honneur de descendre de quelques-uns des *Seize de la Ligue*, qui furent pendus. Ils ne pouvoient se flatter de prouver par-là que l'ancienneté de leur bourgeoisie.

Il y a encore, sur cet article, une singularité assez bizarre : la plupart des hommes aimeroient mieux pour auteur, un illustre & heureux brigand, qu'un homme uniquement connu par sa vertu. Ils préféreront *Attila* à *Aristide !*... Il semble que le Temple de la Gloire ait été élevé par des lâches, qui n'y placent que ceux qu'ils craignent.

Mes réflexions m'ont donc convaincu, que si l'Histoire doit être écrite après des recherches exactes & une discussion impartiale, elle ne peut aussi paroître trop tôt. La vérité ne pouvant parler aux grands que par la voix de l'Histoire, qu'elle la fasse donc entendre quand elle doit faire le plus d'impression.

Quoique bien des gens prétendent jouer un rôle dans le monde, il y en a peu qui se survivent, & les *noms d'Histoire* ne sont pas communs. Ceux qui ont bien mérité de la patrie, & ceux qui l'ont desservie en en corrompant les mœurs, sont également du ressort de l'Histoire. Les premiers ont droit d'y occuper une place honorable ; les autres, grands ou petits, doivent en subir la justice.

Persuadé qu'on ne doit punir que pour l'exemple, révéler les fautes que pour en prévenir de pareilles, je ne tirerai point de l'oubli des faits isolés, sans conséquence pour l'Etat, & dont tout le fruit feroit de mortifier une famille : mais je montrerai, quels qu'ils foient, les coupables envers la nation. D'après ce plan, je parlerai des fubalternes qui ont influé dans les affaires. L'éclat de leur opulence actuelle & de leurs titres ufurpés, fervira à porter la lumiere dans l'obfcurité primitive, où ils fabriquoient les refforts de leur fortune & des malheurs de l'Etat, fans prévoir qu'ils duffent jamais comparoître au Tribunal de l'Hiftoire. Ce font les cadavres des criminels qu'on expofe à la vue des fcélérats de leur efpece.

Comme il y a fouvent plus à blâmer qu'à louer dans la plupart des hommes, un Hiftorien fidele peut aifément être foupçonné de fatyre. Mon caractere en eft fort éloigné. Ceux qui m'auront connu, (& peut-être y en aura-t-il encore beaucoup quand mon Ouvrage paroîtra) attefteront ma probité, ma franchife, & j'ofe dire la bonté de mon cœur. Je n'ai point eu d'ennemi qui ne le fût par fon propre vice, & la réputation de mes amis pourra cautionner la mienne : ma façon de penfer, de parler & d'écrire, étoit affez publique, lorfqu'on m'a confié les fonctions d'Hiftoriographe. On favoit que je n'étois point un Ecrivain fervile, &

quelques gens m'accufoient du contraire.

 Je demanderois pardon au Lecteur de ce que je viens de dire de moi, s'il n'y avoit pas des circonftances, (& celle-ci en eft une) où il eft permis, & même du devoir, de fe rendre une juftice auffi libre qu'exacte. Si l'on trouve quelques-uns de mes jugements trop féveres, qu'on examine les faits, & qu'on juge foi-même. On remarquera quelquefois, dans ces Mémoires, l'indignation d'un Citoyen, & je ne prétends pas la diffimuler : mais tout Lecteur défintéreffé ne m'accufera jamais de partialité, ni d'injuftice. Il fentira avec quelle fatisfaction je rapporte une action louable, & combien je fuis affligé de n'en pas avoir des occafions plus fréquentes !

 Je n'ai cherché que la vérité ; je ne la trahirai point. Je n'ai jamais penfé qu'en me chargeant d'écrire l'Hiftoire, on m'ait pris pour l'organe du menfonge. En tout cas, on fe feroit fort trompé.

LETTRE

à M. le Marquis D***,

CONTENANT l'extrait d'un Livre intilé : *Récit véritable de la naissance de Messeigneurs & Dames les Enfants de France, (de* HENRI IV *& de* MARIE DE MÉDICIS *) avec les Particularités qui y ont été & pouvoient être remarquables ; par* LOUISE BOURGEOIS, *dite* BOURSIER, *Sage-Femme de la Reine. A Paris, chez* MELCHIOR MONDIER, *en l'Isle du Palais, rue de Harlay, aux deux Viperes,* 1625, *in-*12, *avec Privilege.*

A peine a-t-on connu la moitié de son ame !
L'Editeur.

JE conçois votre impatience, mon cher Marquis. Si les moindres particularités de la vie privée des grands Hommes, ont toujours droit d'intéresser les cœurs sensibles, il n'est pas étonnant que vous aspiriez si vivement après l'extrait d'un Ouvrage presque ignoré jusqu'à ce jour, &

où le bon naturel du plus vraiment grand & du meilleur de nos Rois, se trouve peint, pour ainsi dire, *en action*, par une main qui ne sauroit être suspecte.

Mais, en cédant à vos desirs, n'ai-je point à craindre d'encourir une espece de ridicule, en retraçant des mœurs qui paroîtront sans doute aussi gothiques qu'incroyables aux élégants, ainsi qu'aux élégantes de ce siecle, aussi délicat que poli?

C'est donc pour vous uniquement, mon cher Marquis, pour vous dont l'ame est si fort au-dessus des fausses délicatesses du jour, que j'entreprends l'estampe d'un tableau où vous verrez *Henri-le-Grand*, ce qu'on appelle *dans son ménage*, éprouvant tous les sentiments qu'inspire la nature, s'y livrant sans rougir, ainsi qu'un bon & franc Bourgeois; & dès-là, s'il se peut, plus cher encore à ceux dont l'ame est faite pour s'applaudir d'avoir quelques rapports avec celle d'un

---

N. B. Cette Lettre a été inférée, par extrait, il y a quelques années, dans le *Mercure de France* : c'est-à-dire, mutilée, & sur-tout dépouillée de nombre de circonstances qui, à tous égards, méritoient d'être conservées, ainsi qu'on en pourra voir ici la preuve.

d'un Héros, que chaque jour fait encore mieux connoître.

Après ceci, mon cher Marquis, c'est la *Boursier*, c'est cette Sage-Femme qui va parler; mais d'un style un peu plus moderne, & un peu moins prolixement que dans son Livre.

La premiere grossesse de la Reine étant déclarée, le Roi se proposa de lui donner certaine Madame *Dupuis* pour Sage-Femme, attendu qu'elle avoit servi, en cette même qualité, *Madame la Duchesse****; *ce que la Reine n'avoit guere agréable.* Madame la Marquise de *Guercheville*, qui s'en étoit aussi servie, la lui avoit présentée plus d'une fois, sans que Sa Majesté eût voulu ni l'entendre, ni lui parler.

Il ne m'étoit pas encore arrivé d'espérer de pouvoir accoucher la Reine. Ce fut Madame la Présidente *de Thou*, qui m'aimoit depuis long-temps, & qui, dans la maladie dont elle est morte, ayant entendu parler de la répugnance de S. M. pour la *Dupuis*, par MM. *Du Laurens* & *La Riviere*, Médecins, daigna me proposer à eux, en partant du principe : *que la principale piece de l'Accouchement est, que la Sage-Femme*

L

agrée à la femme qui accouche. Sur quoi ces Messieurs & les autres Médecins de la Cour, après s'être plus amplement informés de moi, promirent à Madame *de Thou*, au cas que le Roi tînt bon pour la *Dupuis*, qu'ils lui proposeroient, attendu qu'elle étoit vieille & foible, d'agréer qu'une autre Sage-Femme, & plus jeune, la secondât; & que si leur proposition réussissoit, j'en tirerois non-seulement profit & honneur, mais que je pourrois succéder à la *Dupuis*.

Mais le Roi, que l'on avoit prévenu, déclara positivement qu'il ne vouloit point que sa femme en eût d'autre qu'elle, & ajouta, en se fâchant : *Que la premiere personne qui parleroit à la Reine de cette associée, il lui montreroit qu'il lui en déplairoit.*

Cependant ayant été recommandée à Madame *Conchini*, qui eut la bonté d'en parler à la Reine : *Que veux-tu que je fasse*, lui dit Sa Majesté? *le Roi veut m'en donner une qui ne me plaît pas.... Mais il faut que j'en passe par-là!...*

Madame, (répliqua Madame *Conchini*) Votre Majesté peut du moins la voir, sans que le Roi le sache, puisque vous n'avez vu que cette vieille, qui ne vous agrée pas.

Il me fut donc ordonné d'entrer; & la Reine, après m'avoir regardée fixement, *environ la longueur d'un pater*, partit, sans me rien dire, pour aller à l'Hôtel *de Gondy*.

Le lendemain, vers une heure après midi, Madame *de Heilly* prit la peine de passer chez moi, & me dit: „ Courage, „ Madame *Boursier!* il y a de bonnes „ nouvelles pour vous. D'aussi loin que „ la Reine m'a vue, elle m'a demandé: *Qu'est-il de l'Elévatrice (a) que l'on m'a montrée hier? car je sais qu'elle t'intéresse. Que fait-elle?* Je lui répondis: „ Madame, elle est en sa maison, en „ attendant l'honneur de vos comman- „ demens ".

Assurez-la (me dit la Reine) *que jamais autre qu'elle ne me touchera.*

Je fus cependant au moins quinze jours sans entendre parler de rien, si ce n'est que le Roi alloit faire un voyage, ainsi que du prochain départ de la Reine pour *Fontainebleau*, où elle devoit faire ses couches. L'on parloit aussi des préparatifs de Madame *Dupuis*, qui regar-

---

(*a*) C'est probablement ainsi que l'on s'exprimoit à la Cour, pour ne pas dire *Sage-Femme*.

doit son voyage comme assuré, en ayant eu parole du Roi & de la Marquise *de Guercheville*. Qu'on juge de mes inquiétudes !

La veille du départ du Roi, il dit à la Reine : ,, Ma mie, vous savez où je ,, vais demain ? Mais je retournerai, Dieu ,, aidant, assez à temps pour vos cou- ,, ches. Vous partirez après moi pour ,, Fontainebleau. Vous ne manquerez ,, de rien de ce qui vous sera nécessaire : ,, vous aurez Madame ma sœur, qui est ,, gaie, & la meilleure compagnie du ,, monde, qui cherchera tous les moyens ,, de vous faire passer le temps sans ,, ennui, ainsi que toutes les Dames qui ,, vous sont attachées & vos Femmes- ,, de-chambre ordinaires. Je ne veux ,, point qu'il y ait ni Princesses, ni Da- ,, mes autres que celles-là à votre accou- ,, chement, de peur de faire naître ,, des jalousies. De plus, ce sont tant ,, d'avis différents, que cela trouble ,, ceux qui servent, & pourroient vous ,, nuire. Vous aurez aussi vos Méde- ,, cins, & Madame *Dupuis*, votre Sage- ,, Femme ".

Au nom de Madame *Dupuis*, la Reine commença à branler la tête, & dit : *La Dupuis ?.... Je ne veux me servir d'elle.*

Sur quoi, le Roi, fort étonné : ,, Com-
,, ment, ma mie ! (s'écria-t-il) avez-
,, vous attendu mon département pour
,, me dire que vous ne vouliez pas de
,, Madame *Dupuis*?... Eh ! qui voulez-
,, vous donc ? — Je veux une femme
,, encore assez jeune, grande & alegre,
,, qui a accouché Madame *d'Elbeuf*. —
,, Comment, ma mie ! qui donc vous l'a
,, fait voir ? Est-ce Madame *d'Elbeuf*?
,, — Non : elle est venue de soi-même.
,, — Ah ! je vous jure que mon voyage,
,, & ny affaires que j'aie, ne me mettent
,, plus en peine que celle-là !... Que l'on
,, m'aille chercher M. *Du Laurens* " ?

Ce Médecin parvint, quoique avec peine, à tranquilliser le Roi sur ma capacité.... ,, Mais ce n'est pas assez, (s'é-
,, cria le Monarque) vous m'avez parlé
,, de Madame *de Thou*?... Allez promp-
,, tement la treuver, & qu'elle vous
,, nomme une douzaine de femmes de
,, qualité qu'elle ait servies, & savoir
,, si elles en sont contentes " ?

Le Roi, satisfait sur tous ces points par M. *Du Laurens*, la Reine lui commanda, dès le lendemain du départ de *Sa Majesté*, de venir chez moi m'ordonner de me trouver le jour suivant à son lever.

Je ne manquai pas de m'y rendre; & Mademoiselle *de la Renouilliere* m'introduisit, en disant à la Reine : *Madame, voilà la Sage-Femme que V. M. a choisie ?*

Oui, je l'ai choisie, (s'écria la Reine) *je l'ai choisie ; je la veux.... Je ne me trompai jamais en chose que j'ai choisie.... Qu'elle s'approche ?*

La Reine, après m'avoir beaucoup regardée, se prit à rire, *avec une couleur vermeille qui lui vint aux joues ;* & me dit que le lendemain je l'allasse voir de meilleure heure, pour la voir au lit. Elle ordonna, en même-temps, que l'on allât commander au Tapissier de la Cour de tenir un lit prêt pour moi, & me dit que je tinsse mon coffre prêt, pour partir avec elle, dans trois ou quatre jours.

Je fus donc le lendemain voir la Reine au lit, où, sur la demande qu'elle m'en fit, de lui dire mon sentiment sur l'enfant que je croyois qu'elle auroit? je lui dis que, selon les préceptes que tiennent les femmes, ce devoit être un fils.

Au départ pour *Fontainebleau*, je fus placée dans le carrosse de *Sa Majesté*, où étoient la Marquise *de Guercheville* & Madame *Conchini*, chacune à une portiere, & Maître *Guillaume*, le fou du Roi, que l'on plaça du côté du Cocher. A la dînée, l'on me fit aller trouver la Reine dans sa chambre jusqu'à ce qu'on l'eût servie. Je dînai avec les Femmes-de-chambre; & l'après-dînée l'on me ramena dans la chambre de *Sa Majesté*, où l'on me dit qu'il falloit que je restasse toujours.

Le voyage se fit en deux jours. La couchée du premier fut à *Corbeil*, dans une Hôtellerie où il n'y avoit *qu'une méchante petite chambre basse de planches, bien étouffée* (enfumée) *pour la Reine*. L'on mit coucher les femmes & moi dans ce qui restoit marqué pour le cabinet de Sa Majesté, & il n'y avoit entre son lit & le mien qu'une légere cloison de *torchis*.

La dînée fut à *Melun*, chez M. de la Grange-le-Roi, où il n'y avoit aucuns meubles, *& sur-tout que de grosses pierres de taille, au lieu de chenets*. Quoique ce fût vers la fin d'Août, il ne faisoit pas chaud. Heureusement on y avoit pourvu, & l'on avoit allumé trois fagots & trois bûches.

La Reine ayant tourné le dos au feu, étant debout, ces bûches, qui étoient extrêmement grosses, étant venues, tout-à-coup, à s'ébouler, je fus affez heureufe, en me jettant entre elle & le feu, pour arrêter l'une des plus fortes qui déja rouloit fur les talons de la Reine, & qui l'eût infailliblement fait tomber à la renverfe. *Tel fut le premier fervice que j'eus le bonheur de lui rendre, & au Roi futur qu'elle portoit!*

Arrivés à *Fontainebleau*, je fuivis la Reine dans fon appartement, d'où je ne bougeai que pour manger & dormir.

Mademoifelle *de la Renouilliere* me dit, de la part de *Sa Majefté*, qu'arrivant fon accouchement. ,, Je ne m'étonnaffe
,, d'aucunes chofes que je puffe voir.
,, Qu'il fe pourroit que certaines per-
,, fonnes, fâchées de ce qu'elle m'avoit
,, prife, (au lieu de la *Dupuis*) me pour-
,, roient dire ou faire de leur pis, pour
,, me fâcher ou intimider. Que cela ar-
,, rivant, je ne m'en fouciaffe, n'ayant
,, affaire qu'à elle, & qu'elle n'entre-
,, roit jamais en doute de ma capacité....
,, Qu'en un mot, je fiffe d'elle, ainfi
,, que de la plus pauvre femme de fon
,, Royaume, & de fon enfant, comme
,, de celui du plus pauvre homme ".

Souvent elle me redemandoit ce que je penfois qu'elle dût avoir? Sur quoi, *je l'affurois qu'elle auroit un fils*; &

véritablement, je dirai ce qui me le faisoit croire : je la voyois si belle, & avec un si beau teint, l'œil si bon & si clair, que, *selon tous les préceptes que tiennent les femmes, cela devoit être ainsi.*

La Reine demeura environ un mois à *Fontainebleau* avant le retour du Roi ; pendant lequel temps, *Madame* faisoit tout ce qui étoit possible pour la désennuyer & lui faire passer le temps agréablement : elle faisoit des ballets & l'accompagnoit à la chasse, (s'entend, pour la voir,) car elle étoit dans sa litiere, & *Madame* en son carrosse.

Le premier jour qu'elles y furent, *Madame* voulut que j'entrasse dans son carrosse, de peur que la Reine, qui étoit sur son terme, n'eût besoin de moi : ce que ne vouloit permettre Madame *de Guercheville* (*a*). Tellement que j'étois là, attendant qu'elles fussent d'accord entre elles. *Madame* m'ordonnoit d'entrer ; l'autre me le défendoit. Enfin, *Madame* l'emporta.

Huit jours avant l'accouchement, le Roi arriva de *Calais*, dont la Reine,

---

(*a*) Piquée de la préférence qu'avoit obtenue la *Bourfier* sur la *Dupuis*, sa protégée.

L v

Madame & toute la Cour, furent très-aises; & moi, j'en avois une joie mêlée de crainte, n'ayant pas encore eu l'honneur d'avoir été vue de Sa Majesté.

Pour ce jour, je n'allai point l'après-dînée chez la Reine, à cause de l'arrivée du Roi.

Le lendemain, mon devoir fut de me trouver à son réveil, comme de coutume, & où, après l'avoir vue, je m'étois retirée à quartier. Le Roi, entrant alors, lui dit : *Ma mie, est-ce là votre Sage-Femme? — Oui, Sire, c'est elle.*

Sur quoi le Roi voulant, sans doute, me *gratifier*, s'écria : *Je crois qu'elle vous servira bien : elle m'a bonne mine ! — Je n'en doute point, Sire : je l'ai choisie ; & vous dirai que je ne me trompai jamais en choses que j'ai choisies.*

Ma bonne, (me dit le Roi) *il faut bien faire ?... C'est une chose de grande importance que vous avez à manier ! — J'espere, Sire, que Dieu m'en fera la grace !*

Delà, s'approchant de moi, ce bon Roi se mit à me dire *tout plein de gausseries*. (C'est qu'assistant aux couches de *Madame la Duchesse* (*a*), la *Dupuis*

―――――――――――――――――

(*a*) *De Beaufort.*

étoit très-libre avec ce Prince, & qu'il croyoit que toutes celles de notre état devoient ressembler à cette vieille femme.) Alors, me touchant sur les mains : *Vous ne répondez rien, me dit-il?* A quoi je répondis avec tant d'embarras, que j'aurois peine à dire quoi.

M. le Duc *d'Elbeuf*, arrivant alors, & s'étant écrié en m'appercevant, qu'il étoit ravi de me trouver là : *Comment donc, Cousin!* (s'écria le Roi) *vous connoissez la Sage-Femme de ma femme?* — *Oui-dà, Sire, elle a relevé la mienne, qui s'en est très-bien trouvée.*

Ma mie! (dit le Roi, en courant à la Reine) *voilà mon Cousin* D'ELBEUF, *qui connoît votre Sage-Femme, & qui en fait état?... Cela me réjouit, & m'en donne bonne espérance....*

Le jour suivant, la Reine me dit, que sitôt qu'elle seroit accouchée, elle verroit bien, à ma mine, quel enfant ce seroit. Sur quoi je suppliai *Sa Majesté* de croire qu'elle pourroit n'y rien connoître : d'autant (ajoutai-je) qu'il étoit grandement dangereux, en pareil cas, d'avoir joie ni déplaisir, à moins que l'on ne fût bien hors d'affaire. Ainsi, que je la suppliois de ne s'en point informer, attendu que je ferois triste mine, quand même ce seroit un garçon, afin que, dès-à-préfent, elle ne s'en étonnât pas.

Le Roi, qui rentroit dans ce moment, ayant voulu favoir de quoi nous parlions, & l'ayant appris, me dit en riant : *Que fi c'étoit un garçon, je ne le dirois pas, mais que je le crierois tant que j'aurois de force ; & qu'il n'y avoit femme au monde, qui, en pareil cas, eût la force de fe taire.*

Sur quoi, je fuppliai *Sa Majefté* de croire que j'en aurois la force, puifqu'il y alloit de la fanté de la Reine ; & outre ce, de l'honneur de mon fexe, que je me trouvois chargée de foutenir, au point que *Sa Majefté* pourroit bientôt en voir la preuve.

Mademoifelle *de la Renouilliere*, après cet entretien, & me tirant à part, me demanda, en grace, de lui faire un fignal au moment de l'accouchement ; afin d'avoir l'honneur, fi c'étoit un garçon, de l'apprendre au Roi la premiere. Le fignal fut, que je baifferois la tête ; & au cas que ce fût une fille, que je la retirerois en-arriere.

Mais *Gratienne*, autre Femme-de-chambre, qui vint l'inftant après, & qui m'aimoit beaucoup, m'étant venu demander la même grace, me mit dans un grand embarras; & d'autant plus qu'ayant vu la *Renouilliere* me parler en secret, elle avoit lieu de présumer quel étoit l'objet de notre entretien.

Sur quoi, prenant tout-à-coup son parti.... Eh bien! (dit-elle) pour ne point vous faire d'affaires avec mon ancienne, j'exige seulement, si la Reine accouche d'un fils, que vous me disiez à haute voix: *Ma fille, chauffez-moi vîte un linge?* Ce que je lui promis de très-bon cœur.

Le lendemain, étant au réveil de la Reine, elle me réitéra ce qu'elle m'avoit déja dit, touchant la confiance qu'elle avoit en moi; *& que je ne m'étonnasse d'aucunes choses que l'on me pût dire, ni de quelque mine qu'on me fît, d'autant que je n'avois affaire qu'à elle.*

Comment & en quel temps la Reine accoucha.

La nuit de 27 Septembre, à minuit, le Roi m'envoya appeller, pour aller voir la Reine qui se trouvoit mal. J'étois couchée dans la garde-robe de S. M., où étoient les Femmes-de-chambre, & où, souvent, pour rire, on me donnoit de fausses allarmes; tellement que je craignois encore qu'il en fût de même. Le nommé *Pierrot*, qui étoit de la chambre, me hâtoit si fort, qu'à peine eus-je le temps de me lacer.

A mon arrivée chez la Reine, le Roi s'écria : *Est-ce la Sage-Femme ?... Ah! venez vîte ? ma femme est malade; elle a de grandes douleurs : reconnoissez si c'est pour accoucher ?*

Ce qu'ayant reconnu pour vrai, le Roi lui dit : ,, Vous savez, ma mie, & je vous ,, l'ai dit plusieurs fois, le besoin qu'il ,, y a que les Princes du Sang soient pré- ,, sents à votre accouchement ? Ainsi je ,, vous supplie de vous y résoudre ?... ,, Car de-là dépend la grandeur de vous ,, & de votre enfant " !

A quoi la Reine répondit, qu'elle avoit toujours été résolue à faire *tout ce qui lui seroit agréable.*

,, Je sais bien, ma mie, (reprit-il) ,, que vous voulez ce que je veux ?... ,, Mais je connois votre naturel, timide ,, & honteux ; & je crains bien, si vous ,, ne prenez une grande résolution, qu'en ,, les voyant si près de vous, cela ne vous ,, empêche d'accoucher !... C'est pour- ,, quoi je vous prie, derechef, de ne vous ,, troubler point, puisque c'est la forme ,, prescrite au premier accouchement des ,, Reines ".

intéressantes. 255

Les douleurs pressoient la Reine, *à chacune desquelles le Roi la tenoit*, & me demandoit s'il étoit temps de faire venir les Princes? attendu que cette affaire-là étoit de grande importance!... Sur quoi je l'assurai, que je n'y manquerois lorsqu'il en seroit temps.

Vers une heure après minuit, le Roi, *vaincu d'impatience* de voir souffrir si long-temps la Reine, & craignant que les Princes ne pussent arriver à temps, les envoya querir; c'est-à-dire, Messeigneurs les Princes *de Conti, de Soissons & de Montpensier.*

Et le Roi dit, en les attendant : ,, Si ,, l'on ne vit jamais trois Princes bien en ,, peine, on le verra bientôt; car ils sont ,, grandement pitoyables & de bon na- ,, turel; & qui, voyant souffrir ma fem- ,, me, aimeroient mieux, (quoi qu'il dût ,, leur en coûter) être bien loin d'ici!... " Et de suite, ajouta: ,, Car, mon Cousin ,, le Prince *de Conti*, ne pouvant aisé- ,, ment entendre ce qui se dira, & voyant ,, tourmenter ma femme, croira que c'est ,, la Sage-Femme qui lui fait du mal. ,, Mon Cousin le Comte *de Soissons*, ,, voyant souffrir ma femme, & forcé de ,, demeurer là, aura de grandes inquié- ,, tudes. Pour mon Cousin *de Montpen-*

„ *fier*, je crains qu'il ne tombe en foi-
„ bleſſe, tant il eſt peu propre à voir
„ ſouffrir perſonne ".

Ils arriverent, tous les trois, vers deux heures.

Mais le Roi, ayant appris de moi, que l'accouchement n'étoit pas ſi prochain, les renvoya chez eux, en les priant de ſe tenir prêts à revenir, lorſqu'il les redemanderoit. Alors tous les Médecins de Leurs Majeſtés furent appellés, pour voir l'état de la Reine, *& auſſi-tôt ſe retirerent en un lieu proche.*

Cependant la grand'-chambre, ou ovale, de *Fontainebleau*, qui eſt proche la chambre du Roi, étoit préparée pour les couches de la Reine. On y voyoit un grand lit de velours cramoiſi rouge, près duquel étoit le *lit de travail;* les pavillons, le grand & le petit, qui étoient attachés au plancher & trouſſés, furent détrouſſés. Le grand pavillon fut tendu, ainſi qu'une tente, par les quatre coins, avec de gros cordons. Il étoit d'une belle toile de Hollande, & avoit bien vingt aunes de tour, au milieu duquel il y avoit un petit de pareille toile, ſous lequel fut mis le *lit de travail*, où la Reine fut couchée au ſortir de ſa chambre, & les Dames nommées par le Roi furent mandées. Il fut apporté sous le pavillon, une chaise, des sieges pliants & des tabourets, pour asseoir le Roi, *Madame* sa sœur, & Madame *de Nemours*. La chaise pour accoucher fut aussi apportée, & étoit couverte de velours cramoisi rouge.

Sur les quatre heures du matin, une grande colique se *mêla parmi le travail de la Reine*, & lui causa d'extrêmes douleurs, sans produire d'autre effet. Sur quoi le Roi fit appeller les Médecins, auxquels je rendis compte, en les assurant que cette colique la travailloit plus que le mal d'enfant, *& même l'empêchoit*.

Ils me dirent alors : *Si c'étoit une femme où il n'y eût que vous pour la gouverner, que lui feriez-vous ?* Sur quoi je leur proposai les remedes que je croyois convenables à la circonstance, & qu'à l'instant même ils firent ordonner à l'Apothicaire....

Les Reliques de Madame SAINTE MARGUERITE *étoient sur une table de la chambre, & deux Religieux de* SAINT-GERMAIN-DES-PRÉS, *qui prioient Dieu sans cesse.*

Le Roi notifia à l'assemblée qu'il vouloit qu'on ne suivît d'autres avis que ceux des Médecins, selon le rapport que je leur aurois fait, & qui auroient été convenus entre eux & moi. Tellement que je puis dire, qu'en aucun lieu du monde, je n'eus telle tranquillité d'esprit, *pour le bon ordre que le Roi y avoit apporté, & l'assurance que m'avoit donnée la Reine.*

Quelque désagréables que fussent les remedes ordonnés pour combattre cette insupportable colique, la Reine ne les rebuta nullement : *Ne voulant* (disoit-elle) *en rien se rendre coupable de mal.*

Son travail fut de vingt-deux heures & un quart; pendant lesquelles elle eut *tant de vertu, que c'étoit chose admirable pour les spectateurs !* Le Roi ne la quitta pas un instant, à moins qu'il ne s'y trouvât forcé ; & alors il envoyoit, à tous moments, savoir de ses nouvelles.

Elle craignoit, avant que d'accoucher, que M. *de Vendôme* n'entrât dans sa chambre pendant son mal, à cause de son bas âge : mais les grands maux qu'elle souffroit l'empêcherent de s'appercevoir que ce petit Prince y fût.

Il me demandoit sans cesse, quand la Reine accoucheroit ? de quel enfant ce seroit ? Quant à l'enfant, je lui dis que ce seroit ce que je voudrois. *Eh quoi !* (répliqua-t-il avec vivacité) *n'est-il pas en-*

sore fait? Il l'est, (lui répondis-je) *mais j'en ferai ou un fils, ou une fille, ainsi qu'il me plaira. Ah! Sage Femme*, (s'écria-t-il) *puisque cela dépend de vous, mettez-y les pieces d'un fils.*

Lorsque les remedes eurent dissipé la colique, & que la Reine alloit accoucher, je m'apperçus qu'elle se retenoit de crier. Je la suppliai de ne pas se retenir plus long-temps, *de peur que sa gorge ne s'enflât.*

Sur quoi le Roi lui dit: *Criez, ma mie! criez, de peur que votre gorge n'enfle?*

La Reine desiroit accoucher dans sa chaise, où, étant assise, les Princes étoient sous le grand pavillon, vis-à-vis d'elle. J'étois, moi, sur un petit siege devant la Reine; qui, enfin, étant accouchée, *je mis M. le Dauphin dans des linges & langes, dans mon giron, sans que personne sût que moi, quel enfant c'étoit.*

Comme je regardois l'enfant au visage, & le trouvois très-foible, attendu la peine qu'il avoit endurée, & que je demandois du vin à M. *de Lozerais*, l'un des Valets-de-chambre, qui m'en remit une bouteille avec une cuiller, le Roi s'approchant de moi: *Sire* (lui dis-je) *si c'étoit un autre enfant, je mettrois de* ce vin dans ma bouche, & lui en donnerois, de peur que la foiblesse ne durât trop. Alors le Roi me mit la bouteille contre la bouche, & me dit: *Faites, ma bonne? faites comme à tout autre enfant?* Aussi-tôt je remplis ma bouche de vin, que je lui soufflai. Il revint aussitôt, en savourant ce que je lui avois donné.

Je vis, avec peine, que le Roi, triste & changé, s'écartoit de moi pour se rapprocher de la cheminée, d'autant qu'il ne savoit pas encore quel enfant c'étoit.

Je me hâtai de chercher, des yeux, *La Renouilliere*, pour lui donner le signal convenu, afin qu'elle allât tirer le Roi de peine. Mais elle étoit occupée à bassiner le grand lit. Appercevant alors *Gratienne*, je lui criai: *Chauffez-moi un linge?*... A ces mots, je la vis courir au Roi, qui, ne pouvant la croire, la repoussa assez durement: *Si c'étoit un fils* (lui dit-il) *je l'aurois bien vu à la mine de la Boursier?* — *C'en est pourtant un, Sire!* Et quant à la mine, elle a dit à *Votre Majesté* qu'on n'y connoîtroit rien. *Il est vrai* (reprit le Roi); *mais est-il possible, si c'est un fils, qu'elle ait pu me la faire telle?*

Mademoiselle *de la Renouilliere*, qui,

en rentrant, voyant le Roi qui se fâchoit & repoussoit *Gratienne*, accourut à moi ; & sur le signal que je lui fis, *détroussa son chaperon*, & alla faire sa révérence au Roi, en l'assurant, non-seulement que je lui avois fait le signal entre nous convenu, mais encore que je lui avois dit, tout bas, que c'étoit en effet un garçon.

A ces mots, la couleur revint au bon Roi, qui, passant à côté du lit de la Reine, pour venir à moi, mit sa bouche contre mon oreille, & me dit avec beaucoup d'émotion : *Est-il vrai, Sage-Femme ?... Est-ce bien un fils ?...* Et sur ma réponse affirmative : *Prenez garde !* (dit-il) *ne me donnez pas courte joie ?... Ce seroit me faire mourir !*

Je pris alors le parti de découvrir, *un petit*, le nouveau né, & de lui faire voir la *vérité*, assez adroitement pour que la Reine n'en apperçût rien.

Ce digne Pere, au comble de la joie, levant, avec transport, les mains au Ciel, je vis son visage inondé de larmes *aussi grosses que des petits pois*.

Un peu revenu à lui-même, il me demanda, avec empressement, si j'en avois dit quelque chose à sa femme ?

Après l'avoir assuré que non, & augurant qu'il alloit le lui dire, je le suppliai que ce fût avec le moins d'émotion que faire se pourroit.

Il alla sur le champ baiser la Reine, & lui dit : *Ma mie, vous avez eu beaucoup de mal ?... Mais Dieu nous a fait une grande grace de nous avoir donné ce que nous lui avions demandé... Nous avons un beau fils !*

La Reine à l'instant joignit les mains, & les levant avec les yeux vers le Ciel, jetta de grosses larmes, & tomba en foiblesse.

Je demandai au Roi à qui il lui plaisoit que je remisse M. le Dauphin ? Il me dit : *A Madame de Montglas, qui sera sa Gouvernante.*

Ce Prince ne s'étant pas apperçu de la foiblesse de la Reine, après avoir embrassé les Princes, courut ouvrir la porte de la chambre, & fit entrer, sans distinction, toutes les personnes qui se présenterent, au nombre d'au moins deux cents : *de sorte qu'on ne pouvoit se remuer où nous étions, pour porter la Reine dans son lit.*

S'appercevant que cela me fâchoit fort, il vint me frapper sur l'épaule, en me disant : *Tais-toi, tais-toi, Sage-Femme, ne te fâche point ; cet enfant est à tout le monde : il faut que chacun s'en réjouisse.*

(Il étoit dix heures du soir, le Jeudi 27 Septembre 1601, neuf mois & quatorze jours après le mariage de Leurs Majestés.)

Je me mis alors en devoir d'accommoder M. le *Dauphin*, que Madame *de Montglas* me remit entre les mains, où M. *Hérouard* se trouva, & commença à le servir.

Il me le fit laver entiérement de vin & d'eau, & le regarda par-tout avant que je l'emmaillotasse.

Le Roi amena les Princes & plusieurs Seigneurs le voir. Quant à ceux de sa Maison & de celle de la Reine, il le leur montroit lui-même, puis les renvoyoit pour faire place à d'autres, & tous s'entre-baisoient, *à qui mieux mieux*. L'allégresse enfin étoit si grande, & plusieurs femmes du plus haut rang étoient si transportées de joie, qu'elles embrassoient jusqu'à leurs gens même.

Après avoir accommodé M. le *Dauphin*, je le remis à Madame *de Montglas*, qui, sur le champ, l'alla montrer à la Reine, *qui la vit de bien bon œil*; & par son commandement fut conduit à sa chambre, par Madame *de Montglas*, son Médecin, & les femmes qui devoient être à lui.

Aussi-tôt qu'il y fut, sa chambre ne désemplissoit pas; & s'il n'eût pas été sous un grand pavillon, où l'on n'entroit que de l'aveu de sa Gouvernante, je ne sais comment l'on eût pu faire : *Car le Roi n'y avoit pas sitôt amené une bande de personnes, qu'il y en ramenoit une autre.*

Dès que la Reine fut accouchée, le Roi fit dresser son lit dans sa ruelle, & continua d'y coucher jusqu'au moment qu'elle se trouva rétablie; & quoiqu'elle craignît pour la santé de son époux, jamais il ne voulut l'abandonner.

Je trouvai le lendemain, après dîner, M. *de Vendôme* seul, à la porte du cabinet, par où il falloit passer pour aller chez M. *le Dauphin*; & fort étonné de s'y voir arrêté!... *Eh quoi, Monsieur!* (lui dis-je) *que faites-vous donc là? Je ne sais*, (me répondit-il.) *Il n'y a guere que chacun parloit à moi.... personne maintenant ne me dit mot.*

J'en fis le rapport à la Reine, qui en eut grand'-pitié, & dit : *En voilà assez pour faire mourir ce pauvre enfant!* Puis ordonna qu'on l'accueillît, & qu'on le caressât, *autant & même plus que de coutume... Hélas!* (ajouta-t-elle) *c'est que chacun s'amuse à mon fils, & que l'on l'on ne pense plus à lui; & cela semble bien étrange à ce pauvre enfant* (*a*)!

Le 25 du même mois, je me présentai pour voir M. le *Dauphin*, & trouvai sa chambre pleine ; le Roi, Madame sa sœur, les Princes & Princesses y étoient ; attendu qu'ils s'agissoit d'ondoyer M. le *nouveau-né*.

J'allois me retirer, lorsque le Roi m'ayant apperçue : *Entrez* (s'écria-t-il) *entrez, Sage-Femme ?... Ce n'est pas à vous qu'on ferme ici la porte*. Puis, s'adressant à l'assemblée : *Ventre-saint-gris !* (dit-il en riant) *j'ai bien vu des gens dans ma vie ; mais ni à la guerre, ni ailleurs, je ne vis jamais rien de si résolu que cette femme-ci !... Elle tenoit mon fils avec une aussi froide mine que si c'eût été celui d'un autre, ainsi qu'elle l'avoit promis. C'étoit cependant un Dauphin ! & depuis quatre-vingts ans, il n'en étoit pas né en France.* — Je vous avois dit, Sire, (répondis-je) qu'il y alloit peut-être de la vie de la Reine ?

―――――――――――――――

(*a*) Comment accorder cette bonté de cœur, dans *Marie de Médicis*, avec ce caractere inquiet, jaloux & même emporté, que presque tous les Historiens lui attribuent ? Ce témoignage de la *Boursier* ne peut pourtant être suspect.

M

— *Il est vrai, ma bonne. Aussi ne l'ai-je pas dit à ma femme.... Aussi veux-je, dorénavant, ne t'appeller que ma* Résolue.

Il me fit ensuite demander si je voulois être la *Remueuse* de M. le *Dauphin*, avec les mêmes gages que la nourrice? Sur quoi je fis supplier *S. M.* d'avoir pour agréable que je ne quittasse point mon métier de Sage-Femme, afin de me rendre d'autant plus capable de servir encore mieux la Reine.

TRADUCTION

D'UNE LETTRE [*]

DE MARIE STUART,

A LA REINE ELISABETH,

Contenant nombre d'Anecdotes sur la vie privée, le caractere & les amours de cette Reine.

Vous l'exigez, vous l'ordonnez, (me dites-vous) ma chere sœur?... Il faut absolument que je vous déclare tout ce que m'a dit de vous la Comtesse *de Shrewsbury*, sans vous en rien cacher, sans adoucir les expressions qu'à pu lui dicter son ressentiment, sans même rien changer

---

[*] L'original de cette Lettre, vraiment singuliere, est (dit-on) conservé à *Londres*, dans la Bibliotheque *Harlayenne*.
La copie sur laquelle le Traducteur a travaillé, lui a été communiquée à *Bruxelles*, par Mylord C***, qui prétendoit en avoir vu l'original.

aux termes dont elle s'eſt ſervie pour vous dégrader & vous avilir à mes yeux?... Vous en ſavez aſſez, (ajoutez-vous) pour être en état de juger de la fidélité de ma narration, & pour me ſavoir mauvais gré des moindres réticences; ainſi que pour juger, en partant de là, du fond que vous aurez déſormais à faire, tant ſur ma véracité, que ſur la ſincérité des ſentiments que je puis avoir conſervés pour vous?...

Dieu ſeul, ma chere ſœur! Dieu ſeul connoît tout ce qu'il en coûte à mon cœur, pour trahir la confiance d'une femme que j'ai long-temps crue mon amie, & qui ſe croyoit outragée! Combien il eſt pénible pour moi d'avoir à vous articuler des propos trop faits pour vous déplaire, & même pour vous affliger!... propos à la plupart deſquels je vous aſſure pourtant de n'avoir jamais répondu qu'en la blâmant bien plus encore d'avoir oſé les tenir, que d'avoir pu les croire, & auxquels (en partant de ſon caractere, & de l'aigreur de ſon reſſentiment contre Votre Majeſté) elle ne pouvoit ſe flatter que je duſſe accorder l'ombre même de la croyance.

Quoi qu'il en ſoit, ma chere ſœur, vous prétendez être obéie?... Et vous allez juger du ſacrifice auquel je me ſoumets, par toute la franchife que je vais mettre dans les détails que vous exigez de moi.

La Comteffe, donc, a débuté par me dire, & me l'attefter par ferment, que celui auquel vous avez promis la foi de mariage, en préfence de l'une de vos femmes, avoit déja couché, nombre de fois, avec Votre Majefté, tout auffi librement, & avec autant d'intimité qu'un époux avec fon époufe.

Que Votre Majefté n'étant point conformée comme les autres femmes, c'étoit, de votre part, le comble de l'extravagance, que d'avoir affecté de preffer fi fort un mariage avec le Duc *d'Anjou*, que vous faviez très-bien ne pouvoir jamais s'accomplir.

Que malgré ce défaut naturel, vous n'étiez pourtant pas femme à jamais renoncer au plaifir de jouir librement de vos fingulieres amours, ainfi qu'à celui de changer d'Amants auffi fouvent que vos caprices & vos fantaifies l'exigent.

Qu'elle avoit fouvent regretté que vous n'euffiez pu vous contenter de *Sir Hatton*, ou de quelque autre de vos fujets d'un pareil caractere. Mais que ce qui l'indignoit le plus, étoit de vous avoir vue renoncer, non-feulement à tout sentiment d'honneur, en faveur d'un certain *Simier*, que (tout étranger & tout inconnu qu'il étoit) vous alliez chercher, la nuit, jusques dans la chambre de l'une de vos femmes, & à qui la Comtesse prétend même en avoir fait des reproches amers.

Qu'elle vous avoit vue, non-seulement traiter cet homme de néant avec la familiarité la plus indécente, mais vous oublier vous-même, au point de lui avoir révélé les plus grands secrets de l'Etat. D'avoir enfin eu pour lui les mêmes sentiments & les mêmes égards dont on vous avoit vue si prodigue envers le Duc, son Maître, qui, arrivant, certaine nuit, à la porte de votre appartement, vous vit accourir à lui, toute en chemise, & l'introduire dans votre lit, d'où il ne sortit que vers le point du jour.

Que, quant à *Sir Hatton*, qui avoit précédé *Simier*, vous en étiez éprise de façon, que votre passion ayant éclaté aux yeux de la Cour entiere, il avoit cru, par pur égard pour vous, devoir s'en absenter; & que vivement piquée contre *Killigrew*, à qui vous aviez ordonné de le ramener, & qui étoit revenu sans lui, vous aviez poussé l'emportement jusqu'à lui donner, publiquement, un soufflet.

Qu'elle-même (Comtesse *de Shrewsbury*) s'intéressant encore à la gloire de Votre Majesté, avoit tâché de marier ce même *Sir Hatton*, à la Comtesse *de Lénox* sa fille; mais qu'il avoit trop craint votre ressentiment, pour avoir osé se prêter à la proposition qui lui en fut faite.

Que le Comte *d'Oxford* même, depuis qu'il avoit su vous plaire, n'avoit osé entendre aux propositions d'accommodement projettées entre lui & son épouse, pour ne pas risquer de perdre les faveurs que l'amour lui promettoit de votre part. Que vous en étiez vraiment prodigue envers tous ceux qui avoient le bonheur d'être initiés dans le secret de vos intrigues; & sur-tout à l'égard de certain *George*, l'un de vos Valets-de-chambre, auquel vous donnâtes, un jour, trois cents liv. sterling, pour vous avoir apporté la nouvelle du prochain retour de *Sir Hatton*; tandis qu'envers tous vos autres sujets, vous étiez aussi ingrate qu'avare; & que dans le Royaume entier, vous aviez à peine obligé trois ou quatre personnes.

Mais ce que vous croirez difficilement, ma chere sœur! c'est que la Comtesse me proposa un jour d'engager mon fils à feindre d'être épris de vous.... ce qui (disoit-elle) me seroit fort avantageux, & vous décideroit bientôt à renvoyer en France le Duc *d'Anjou*, qui, sans cela, pourroit, à plus d'un égard, me devenir extrêmement nuisible; & sur ce que je lui objectai que cela pourroit être envisagé comme une mauvaise plaisanterie; elle me répliqua, en me riant au nez, que vous aviez une si haute opinion du pouvoir de vos charmes, que vous étiez parvenue au point de ne vous plus regarder que comme une substance vraiment céleste. Qu'elle eût même gagé sa tête, qu'il lui en coûteroit très-peu pour vous persuader que ce jeune homme étoit en effet & très-vivement frappé de vos attraits. Que les flatteries, en un mot, même les plus outrées, vous enivroient jusqu'à vous avoir plus d'une fois fait dire, avec l'air de la persuasion la plus intime : *Qu'il en étoit de vous, ainsi que du soleil, qu'on ne sauroit fixer long-temps sans en être ébloui.*

Qu'elle-même enfin, & tous ceux qui composent votre Cour, se trouvoient forcés de vous traiter en conséquence : de sorte que la derniere fois qu'elle eut l'honneur de voir Votre Majesté, avec la feue Comtesse *de Lénox*, elles n'ofoient fe regarder, pour ne pas rifquer un éclat de rire, en vous voyant favourer l'encens auffi ridicule que groffier dont vous repaiffoient de plats adulateurs; & qu'à l'égard de fa fille *Talbot*, elle avouoit ne pouvoir, en vous voyant, garder fon férieux.

Ce que je puis du moins certifier, ma chere fœur, c'eft que cette même *Lady Talbot*, en revenant de vous faire fa cour, & de prêter ferment entre vos mains, en qualité de l'une de vos Dames, m'a dit en plaifantant beaucoup fur cette cérémonie, qu'elle vouloit me rendre un hommage infiniment plus fincere : ce que je refufai long-temps, mais qu'il ne me fut pas poffible de refufer à la vivacité de fes inftances.... Elle ne vouloit (difoit-elle) pour rien au monde, être long-temps à votre fervice, tant elle appréhendoit que dans vos moments de fureur, vous ne la traitaffiez comme fa coufine *Skedmur*, à laquelle, après avoir caffé un doigt, vous avez voulu faire entendre à la Cour, que la chûte d'un chandelier avoit produit cet accident; ou, comme une autre de vos femmes, à qui, dans un accès d'humeur, vous avez penfé abattre la main avec un grand couteau.... Bref, que fur tous ces faits, & fur beaucoup d'autres, dont le détail seroit trop long, mes propres femmes s'amusoient à vous contrefaire, & à vous ridiculiser de façon que, lorsque j'en fus informée, je menaçai de les chasser, au cas qu'elle fussent assez hardies pour oser désormais manquer à tout le respect qui vous est dû, & surtout dans ma maison.

S'il faut en croire la Comtesse, le projet actuel de Votre Majesté, est d'exciter *Rolson* à m'offrir ses vœux, pour me déshonorer, soit par des faits que l'on rendra publics, soit par des propos clandestins qu'on prendra soin de faire circuler par-tout où ils pourront le plus m'être nuisibles. Sur quoi (m'a-t-elle ajouté) ce méchant homme avoit reçu de vous les instructions les plus amples.

S'il faut l'en croire encore, *Ruxby* ne vint à *Londres*, il y a à-peu-près huit ans, que pour attenter à ma vie. Qu'il en avoit même conféré plus d'une fois avec Votre Majesté, & que des raisons secretes vous avoient enfin déterminée à lui prescrire de n'agir en cela que conformément aux ordres qu'il recevroit, en temps & lieu, de la part de *Walsingham*.

Que lorsqu'elle-même travailloit au mariage de son fils *Charles*, avec l'une des nieces du Lord *Paget*, vous voulûtes qu'elle épousât l'un de vos *Knoles*, parce qu'il étoit votre parent : sur quoi elle déclama hautement contre V. M., & vous taxa de tyrannie, en vous accusant de disposer toujours, & aussi despotiquement, de toutes les héritieres du Royaume; & que ce fut à cette occasion que vous vous emportâtes (dit-elle) on ne peut plus scandaleusement, contre le Lord *Paget*, dont la patience fut décorée d'une épithete assez peu honorable pour lui, de la part des autres Seigneurs de votre Cour.

Je dois également vous déclarer, ma chere sœur, que tandis que vous étiez malade, il y a cinq ans, la Comtesse me dit que votre incommodité provenant d'un cautere à la jambe, & qui s'étant tout-à-coup fermé, on se flattoit que Votre Majesté n'avoit probablement que très-peu de temps à vivre. Qu'en partant de cette espérance, & en m'en témoignant sa joie, elle me la disoit fondée sur les prédictions d'un certain *John Lanton*, qui, en vous menaçant d'une mort violente, avoit ajouté que Votre Majesté seroit remplacée par une autre Reine : ce qui ne pouvoit regarder que moi. Qu'elle regrettoit cependant d'avoir vu dans un vieux grimoire, que celle qui vous succéderoit, ne devoit régner que trois ans.... Ce qui (s'il faut l'en croire) se trouvoit clairement représenté dans une estampe ou tableau contenu au même Livre, & dans lequel il se trouvoit un feuillet rempli de choses dont elle avoit fait serment de ne parler jamais. Mais quoique convaincue (disoit-elle) du peu de cas que j'ai toujours fait de ces sortes de prédictions, elle ne comptoit pas moins fermement se voir bientôt auprès de moi dans la plus haute faveur, & mon fils marié avec sa petite *Arabelle*.

Je finis, ma chere sœur, en protestant, & en jurant, par tout ce qu'il y a de plus sacré, que tout ce que je viens de dire (quoiqu'à mon grand regret!) est dans la plus exacte vérité; & qu'à l'égard de ce qui peut blesser la gloire de Votre Majesté, il ne m'est jamais entré dans l'esprit d'en rien croire, ni d'en rien révéler à d'autres qu'à vous-même; & avec d'autant plus de raison, qu'indépendamment de ce que j'aime à vous devoir, la fausseté de tous ces faits me parut toujours évidente.

S'il m'étoit possible d'obtenir, ne fusse qu'une heure d'entretien avec Votre Majesté, je lui dirois, précisément & sans détours, les noms, les temps, les lieux mêmes, ainsi que des circonstances aussi particulieres qu'intéressantes, qui pourroient la mettre à portée d'approfondir & constater, non-seulement la vérité des faits articulés ci-dessus, mais encore de plusieurs autres que je dois taire jusqu'à ce que je puisse être assurée du retour de votre amitié pour moi.... Moment bien desirable & bien cher pour un cœur que l'on vous a si cruellement rendu suspect! puisqu'il vous convaincra que vous n'eûtes jamais ni parent, ni ami, ni même de sujet, qui vous fût plus vraiment attaché que moi.

Au nom de Dieu, ma chere sœur! ne refusez donc plus de recevoir dans vos bras, celle qui vous aime, qui vous aima toujours; celle, en un mot, qui veut, & peut vous prouver toute la sincérité de ses sentiments, par les plus importants & les plus signalés services!

Du fond de mon lit, accoudée sur un bras malade, & surmontant mes souffrances, pour vous complaire & vous obéir.

MARIE, Reine.

RELATION

Tirée d'un Manuscrit dont l'original est conservé dans les Archives de la Maison de LA FORCE, concernant la façon dont le Maréchal de LA FORCE a été sauvé du MASSACRE DE LA SAINT-BARTHELEMI, en 1572.

De CAUMONT, jeune enfant, l'étonnante aventure,
Ira, de bouche en bouche, à la race future !
La Henriade, Chant II.

CETTE délivrance provenant (*a*) toute de la Providence de Dieu, mérite qu'on en déduise les particularités, pour en donner la gloire à son saint Nom.

Un chacun sait comme advint la blessure de feu M. l'Admiral *de Coligny*; & peu de jours après, comme on le fit assassiner, la nuit, dans son logis, & jetter par les fenêtres de sa chambre dans la basse-cour.

(*a*) On a cru devoir conserver le style, & même l'ortographe de cette Relation, aussi singuliere qn'intéressante.

Il y avoit, près de-là, un Macquignon de chevaux, qui avoit fait acheter à M. *de la Force* le pere, neuf ou dix chevaux; lequel, prévoyant le mal qui s'en pouvoit enfuivre pour la Religion (Réformée), partit, foudainement pour advertir M. *de la Force*, de ce qu'il avoit vu, & fe rendit au-devant du *Louvre*, pour paffer l'eau, & aller droit à la rue de *Seine*, où ce Seigneur étoit logé. Mais il trouva tous les batteaux retenus; ce qui l'obligea de defcendre jufqu'au droit des *Tuilleries*, où, pour l'ordinaire, il y en avoit toujours. Mais il ne put, non plus, en obtenir.... De forte que, porté d'affection, il fe dépouilla, & mettant fes habits fur fa tête, il paffa à la nage, & fe rendit droit au logis de M. *de la Force*, où, l'ayant adverti de ce que deffus, foudain il fe leva, & s'en alla trouver le Sieur *de Caumont*, fon frere, pour lui apprendre ce grand accident : ce qui l'obligea de fe lever, & d'aller donner avis à tous les principaux de la Nobleffe de la *Religion*, qui étoient logés aux Faux-bourg *Saint-Germain*; afin de s'affembler & d'advifer aux remedes qu'ils avoient tous à prendre pour fe garantir du mal qu'il prévoyoit leur pouvoir arriver.

Etant tous enſemble, ils réſolurent, par l'avis du Sieur *de Caumont*, qui croyoit toujours cet acte être advenu contre le vouloir du Roy, qu'il étoit convenable de ſe ranger auprès de Sa Majeſté; & pour cet effet, s'acheminerent, tous enſemble, droit à la riviere, par la rue de *Seine*. Mais cherchant les moyens de paſſer au *Louvre*, ils virent tous les batteaux avoir été menés du côté de-là : ce qui donna lieu à toute l'aſſemblée de faire mauvais jugement de leurs affaires, & de penſer qu'il étoit temps de ſonger à leur ſeureté.

C'étoit le Dimanche, au matin, 24 Aouſt 1572, une heure avant le jour.

La réſolution fut priſe de retourner tous à leurs logis, de ſe préparer promptement, de monter à cheval, & de ſe rendre au *Pré-aux-Clercs*, en état, ſi on les venoit attaquer, de défendre leur vie; & s'ils en avoient le temps, de gagner la campagne pour ſe retirer chez eux.

Sur le point du jour, ils eurent avis que tous les batteaux de la *Seine* étoient pleins de ſoldats, qui, ſoudain qu'ils étoient abordés, couloient le long de la rue de *Seine*.

Les plus diligents des Seigneurs exécuterent le deſſein qui avoit été pris de s'assembler au *Pré-aux-Clercs*, d'où ils prirent leur retraite. Les Sieurs *de la Force*, freres, étant à cheval, le premier se retira avec les autres. Le Sieur *de la Force*, son frere, voyant que ses enfants n'étoient encore montés à cheval, & ne les voulant pas abandonner, retourna dans son logis, en fit fermer les portes, & se retira dans sa chambre.

Soudain, la porte étant saisie par plusieurs soldats, lesquels crioient puissamment : *Ouvre, Ouvre !* & proféroient beaucoup de blasphêmes ; il envoya une Servante de la maison pour l'ouvrir, & se résolut d'attendre dans sa chambre, patiemment, ce qu'il plairoit à Dieu de lui envoyer.

Soudain la basse-cour fut pleine de soldats, conduits par un Capitaine nommé *Martin* ; lequel, monté à la chambre, avec grand nombre d'eux, l'épée à la main, criant : *Tue, Tue !* fit saisir les épées de tous ceux de la maison, & les fit ranger tous ensemble dans un coin de la chambre, en leur disant : *Prie Dieu, si tu veux, car il faut mourir dans le moment ?*

Le Sieur *de la Force*, pere, avec une grande constance, lui dit : ,, Monsieur, ,, faites ce qu'il vous plaira ; aussi-bien

,, je n'ai plus guere de temps à vivre !...
,, Mais ayez égard à ces jeunes enfants,
,, qui jamais n'ont offensé personne, &
,, à la mort desquels vous n'aurez pas
,, grand acquest. J'ai moyen de vous don-
,, ner une honneste rançon, qui vous se-
,, ra plus profitable ".

Ainsi, leur amolissant le cœur, ils se résolurent au pillage de tout ce qu'il y avoit de bon dans le logis. Mais ne trouvant point la clef des coffres, (à cause que le Valet-de-chambre s'étoit évadé de la maison,) ils traînerent lesdits coffres au milieu de la cour, & les enfoncerent avec les chenets de la cheminée. Ainsi, tout ce qu'il avoit, soit d'argent monnoyé, soit de vaisselle d'argent, meubles & habillements, fut totalement pillé.

Cela fait, ils reprirent leur premier discours, criant, avec blasphêmes: *Qu'il falloit mourir, & qu'ils avoient commandement de tout tuer, sans épargner personne.*

Mais Dieu, qui en avoit ordonné autrement, fléchit si bien leur cœur par les bons discours que leur tenoit incessamment le Sieur *de la Force*, & ensuite par l'espérance qu'il leur donna d'une rançon de deux mille écus, qu'enfin le Capitaine *Martin* leur dit: *Suivez-moi, tous ?*

Etant defcendus au bas du logis, & avant que de fortir, il leur fit rompre leurs mouchoirs pour les mettre, *en croix, fur leurs chapeaux & bonnets, & retrouffer la manche du bras droit, jufqu'au haut de l'épaule*, qui étoit le fignal donné à tous les Maffacreurs.

Il n'y avoit alors que le pere & les deux enfants, le Valet-de-chambre defdits enfants, nommé *Gaft*, & leur Page, nommé *La Vigerie*, qui faifoient cinq en tout. Ils les menerent le long de la riviere de *Seine*, qu'ils pafferent devant le *Louvre*.

C'eft alors qu'ils crurent bien que l'on alloit les dépefcher; car ils virent quantité de ceux de la *Religion*, que l'on tuoit & l'on jettoit dans la riviere, qui étoit déja, en beaucoup d'endroits, rouge de fang.

Néanmoins le Capitaine *Martin* continua de les mener à fon logis; & paffant devant le *Louvre*, ils virent quantité de corps morts, entre autres, le Sieur *de Piles*.

Etant arrivés à fon logis, *Martin*, pour retourner à pareil pillage, dit au Sieur *de la Force* : *Que s'il vouloit donner fa parole, & lui promettre de ne bouger point de là, ni lui, ni fes enfants*, il les laisseroit en la garde de deux Suisses ; & que, cependant, il fît diligence pour se procurer sa rançon.

Ledit Sieur *de la Force* envoya, sans perdre temps, ledit *du Gast*, Valet-de-chambre de ses enfants, à *l'Arsenal*, chez Madame *de Brisembourg*, qui étoit sa belle-sœur, pour lui faire entendre l'état auquel étoit lui & ses enfants ; & comme le Capitaine *Martin*, duquel ils étoient prisonniers, leur avoit sauvé la vie, moyennant la rançon qu'il lui avoit promise, de deux mille écus ; & que, s'assurant de son affection, il s'adressoit librement à elle, pour la prier de les secourir à ce besoin, qui requéroit, sur-tout, diligence & secret.

Sur quoi elle lui manda, qu'elle espéroit, le second jour, qui étoit le mardi, lui faire tenir ladite somme, & lui fit savoir que le bruit étoit déja qu'on les avoit faits prisonniers, & qu'elle craignoit fort, si cela venoit aux oreilles du Roi, qu'on ne les fît bientôt mourir.

Du Gast, à son retour, leur confirma cette nouvelle, & leur dit qu'il étoit du tout important, puisqu'ils avoient le moyen de sortir de-là, & de se sauver, qu'ils devoient au plutôt le faire.

En effet, les Suisses auxquels ils

avoient été commis en garde, leur difoient, inceffamment, qu'ils les meneroient où ils voudroient, & que volontiers ils hafarderoient leur vie pour les fauver tous.

Mais le Sieur *de la Force*, qui avoit donné fa parole, leur répondit toujours : *J'ai engagé ma foi ; je ne la fausserai point, étant réfolu d'attendre la Providence de Dieu, qui difpofera de nous fuivant fon bon vouloir.*

Ledit *Gaft* preffoit pourtant toujours pour qu'il voulût permettre que fes enfants, ou du moins l'un deux, puffent fe fauver, puifqu'il voyoit les avis qu'on lui donnoit, & que les Suiffes s'offroient fi volontiers à les conduire où il voudroit ; mais demeurant toujours ferme en fa parole, il dit: *Qu'il n'en feroit que ce que Dieu avoit ordonné.*

Le foir même que la rançon promife devoit être délivrée, arriva au logis le Comte *de Coconas*, avec quarante ou cinquante foldats Suiffes & François. Tous monterent à la chambre ; & il commença à dire au Sieur *de la Force*, que *Monfieur*, le frere du Roi, ayant été adverti comme ils étoient détenus prifonniers, il l'avoit envoyé là pour le chercher, defirant parler à lui ; & foudain leur dépouillerent leurs manteaux & bonnets ; de sorte qu'ils connurent bien que c'étoit pour les faire mourir. Ledit Sieur *de la Force* se plaignit alors de ce manquement, attendu que l'argent qu'il avoit promis pour sa rançon étoit tout prêt.

Est à noter que le plus jeune des enfants (*a*) parloit incessamment, leur reprochoit leur perfidie, & consoloit son pere.

Une autre particularité notable, que je lui ai souvent oui dire, est qu'il voyoit bien que leur dessein étoit de les assassiner tous ; *mais qu'il s'assuroit que lui n'en mourroit point.*

Les massacreurs ne trouvant que quatre personnes, demanderent où étoit la cinquieme ? C'étoit *du Gast*, qui, voyant leur méchante intention, s'étoit allé cacher dans un galetas, au haut de la maison ; mais ils chercherent si bien, qu'ils le trouverent, & lors commencerent à les faire marcher tous, & les mener à la tuerie.

Etant arrivés au fond de la rue des *Petits-Champs*, près le rempart, ils crierent tous ensemble : *Tue, tue!*...

(*a*) Il s'appelloit *Jacques Nompar.*

L'aîné des enfants fut le premier blessé ; &, en chancelant, se mit à crier : *Ah, mon Dieu !... je suis mort.* Le plus jeune (sans doute inspiré du Ciel) en fit tout de même, sans avoir reçu aucun coup, & se laissa tomber comme son frere.

Ce pere & ce frere, bien que par terre, reçurent encore force coups ; & le jeune n'eut jamais seulement la peau percée ; & bien qu'ils fussent à l'instant dépouillés tout nuds & sans chemises, *les massacreurs ne reconnurent jamais qu'il n'avoit aucune blessure.*

Comme ils crurent les avoir achevés, & qu'ils se retiroient de-là, ceux des maisons voisines, visitant les corps par curiosité, un certain pauvre homme, s'approchant du jeune *Caumont*, commença à dire : *Hélas ! celui-ci n'est qu'un pauvre petit enfant....* Ce qu'ayant entendu le petit *Caumont*, il leva la tête, & lui dit : *Je ne suis pas mort... Par pitié, sauvez moi la vie ?* Soudain le bonhomme lui mit la main sur la tête, & lui dit : *Paix !... ne bougez, petit ; car ils sont encore là* ; & le bon-homme, se promenant de leur côté, revint peu de temps après, & lui dit : *Levez-vous vîte, mon enfant, car ils s'en sont allés...* Et soudain lui mit un méchant manteau sur le dos (car il étoit tout nud); & les voisins lui ayant demandé qui il menoit-là... c'est mon neveu (leur dit-il), qui est ivre, & que je fouetterai bien ce soir.

Il le mena de-là dans une petite chambre qu'il avoit tout au plus haut d'une vieille maison, & lui bailla de méchants habits de cedit neveu.

Cet homme étoit un Marqueur du jeu de Paume de la rue *Verdelet*, & des plus pauvres, qui, en lui appercevant quelques bagues aux doigts, les lui demanda pour aller chercher chopine.

Il le retint chez lui toute la nuit; &, avant le jour, lui demanda où il vouloit qu'il le menât? A quoi le jeune *Caumont* répondit : *Au Louvre*, où il avoit une sœur qui étoit à la Reine. Mais le bonhomme allégua qu'il ne pouvoit le mener là, attendu qu'il y avoit force corps-de-gardes à passer, ou, possible, on le reconnoîtroit, & qu'on les feroit mourir tous deux.

Le jeune homme alors lui proposa d'aller avec lui à *l'Arsenal*, où il avoit une tante. L'autre lui dit que le chemin étoit bien long; cependant qu'il le meneroit-là plutôt qu'ailleurs; car il iroit tout le long du rempart, où ils ne rencontreroient

contreroient presque personne. *Mais il faut*, ajouta-t-il, *car je suis très-pauvre, que vous juriez de me faire donner trente écus.*

Ce marché conclu, tous deux partirent dès le point du jour ; le jeune homme avec un méchant habit du neveu, & un vieux bonnet rouge, où étoit attachée une croix de plomb.

Ils arriverent de bonne heure, & il dit au bon-homme : *Demeurez ici... je vous renverrai votre habit, avec les trente écus que je vous ai promis.*

Le jeune homme demeura long-temps à la porte, n'osant heurter, de crainte qu'on ne lui demandast qui il étoit ? Mais quelqu'un étant venu à sortir, il s'avança dextrement, & entra sans qu'on en vît rien. Il traversa toute la premiere basse-cour, & s'en alla jusqu'au logement de sa tante, sans rencontrer personne de sa connoissance. Enfin, il apperçut le Page qui étoit à eux, & qui s'étoit aussi sauvé par le moyen d'un Suisse, qui l'avoit retiré chez lui, en lui disant : *Sauvez-vous, car l'on va dépescher ceux-ci*, (c'est-à-dire les parents du jeune homme).

Il demanda à ce Page, qui s'étoit rendu à *l'Arsenal* la même nuit, (mais qui ne reconnoissoit pas le jeune homme sous ſes mauvais accoûtrements), où étoit M. *de Beaulieu*, Gentilhomme de feu ſon pere?... Sur quoi le Page le mena parler à lui; lequel fut merveilleuſement eſtonné de le revoir, croyant bien qu'ils fuſſent tous morts, ainſi que ledit Page l'avoit aſſuré, qui avoit vu de loin comme on les avoit tous maſſacrés; & pria le Mareſchal de Madame *de Briſembourg*, qui étoit alors avec lui, de le mener à ladite Dame, laquelle étoit au lit grandement affligée de tant de ſi cruels malheurs.

Arrivés qu'ils furent en ſa préſence, ſoudain elle l'embraſſa, toute baignée de larmes, croyant qu'on les eût tous dépeſchés; & louant Dieu de le voir, lui demanda par quel miracle il s'étoit ſauvé?

Après quelques diſcours, elle le fit conduire à ſa garde-robe, & mettre au lit. Mais, avant que de ſortir d'auprès d'elle, il la ſupplia de faire au plutôt délivrer les trente écus promis au pauvre homme qui l'avoit ſauvé & retiré chez lui, ainſi que les habits dont il l'avoit couvert.

Environ deux heures après, on le reveſtit d'un habit de l'un des Pages de M. le Mareſchal *de Biron*, qui étoit alors

Grand-Maître de l'Artillerie; & pour le tenir mieux caché, on le mit dans le propre cabinet dudit Marefchal, où, pour l'empêcher de s'ennuyer, on lui bailla auprès de lui le Page dont a été fait mention.

Il fut là deux jours, au bout defquels on donna avis au Sieur Marefchal, que l'on avoit fait entendre au Roi qu'il s'étoit retiré plufieurs *Huguenots* dans *l'Arfenal*, & que Sa Majefté avoit réfolu d'envoyer vifiter par-tout.

De forte que, craignant cette vifite, on l'ofta du cabinet, & on le fit paffer à la chambre des Filles, où il fut mis entre deux lits, & couvert de *vertugadins*, que l'on portoit en ce temps-là, & où il demeura trois ou quatre heures.

Environ une heure après minuit, on le ramena dans le même cabinet; & Madame *de Brifembourg* fa tante, qui en avoit un très-grand foin, n'eut patience ni repos, qu'elle ne l'eût fait changer de lieu, à caufe que le bruit étoit répandu qu'il s'étoit fauvé & retiré là.

Le lendemain matin, & en conféquence, le Sieur *de Born*, Lieutenant-Général de l'Artillerie, le vint prendre dans ledit cabinet, habillé en Page, à la livrée du Mareschal *de Biron*, le mena déjeûner en lieu particulier, & après cela lui dit, *suivez-moi....* Puis le sortit de *l'Arsenal*, le conduisit chez M. *Guillon*, Contrôleur de l'Artillerie, qui étoit de ses amis, & lui donna instruction, si on s'enquéroit qui il étoit, que le jeune homme se nommoit *Beaupuy*, dont le pere étoit Lieutenant de la Compagnie des Gendarmes de mondit Sieur *de Biron*; l'exhortant, très-expressément, de ne point sortir du logis où il le menoit, & de ne rien faire qui le pust faire connoître à personne.

Etant arrivés à la maison dudit Contrôleur, il lui dit: Vous êtes de mes amis; faites-moi, je vous prie, le plaisir de me garder ici ce jeune homme, qui est mon parent, fils de M. *de Beaupuy*, qui commande la Compagnie des Gendarmes de M. le Mareschal? Je l'ai fait venir ici pour le mettre Page; mais j'attends que tout ce tumulte soit passé.

Ce que ledit *Guillon* lui accorda très-volontiers; mais encore qu'il fust de ses amis, il ne voulut jamais lui donner cognoissance qui étoit le jeune homme, quoique *Guillon* se doutât bien qu'il ne lui disoit pas tout ce qu'il étoit.

Après avoir demeuré là sept ou huit

jours, ledit Contrôleur, qui alloit tous les jours à *l'Arsenal*, pour favoir ce qu'il avoit à faire, ne manquoit pas, avant dîner, de fe rendre chez le Sieur *de Born*.

Il arriva, au bout de ce temps-là, qu'à l'heure ou *Guillon* avoit accouftumé de revenir pour difner, le jeune homme entendit heurter à la porte, & y courut, croyant que ce fuft lui; mais que, voyant une autre perfonne, il la referma vivement: fur quoi la perfonne qui heurtoit, lui dit: *Ne vous effrayez pas, mon enfant,... c'eft Madame de Brifembourg qui m'envoye, & veut favoir de vos nouvelles*; puis de-là, s'en alla.

Le Contrôleur arrivant bientôt pour difner, lui demanda, comme il avoit toujours accouftumé, fi quelqu'un étoit venu au logis? Sur quoi le jeune homme lui raconta ce qui s'étoit paffé: ce qui donna l'allarme à *Guillon*, qui, laiffant-là le difner, monta foudain à cheval, pour aller trouver M. *de Born*; lequel, pour s'éclaircir de ce qui en étoit, alla trouver Madame *de Brifembourg*, qui fut auffi fort eftonnée, n'ayant envoyé perfonne au logis de *Guillon*.

Quelques jours auparavant, on avoit moyenné de tirer un paffeport du Roi, pour le Maître-d'hôtel de M. *de Biron*, & un sien Page qu'il envoyoit pour faire venir sa Compagnie de Gendarmes, & porter ses ordres en conséquence ; de sorte que, sans perdre de temps, ledit Sieur *de Guillon* s'en revint au logis, lui fit apporter des bottes & amener un cheval, sur lequel il lui dit de monter, & de le suivre.

Il eut ce mauvais rencontre, qu'ayant trouvé dans la rue une Procession, sa haquenée, qui étoit ombrageuse, fit de si grands désordres, qu'il étoit en très-grande peine, d'autant que les choses passées le tenoient en telle défiance, qu'il lui sembloit que tous ceux qui le voyoient devoient le reconnoistre.

Dieu pourtant permit qu'il se rendist heureusement à la porte de la ville, où étant, le Sieur *de Born*, qui le conduisoit, appella celui qui commandoit, & lui dit : *Mon Capitaine, c'est le Maistre-d'hôtel de M. le Mareschal de* BIRON, *qui a commandement d'aller faire venir sa Compagnie de Gendarmes ; & j'envoye ce Page, qui est mon parent, avecques lui.... Voilà le passeport du Roi.*

Le Capitaine lui dit : *C'est assez, Monsieur.... ils peuvent passer, quand vous voudrez.*

Etant hors de la porte, M. *de Born* dit au jeune homme: *Voilà le Sieur* DE FRAISSE *qui a commandement de vous conduire*; *& prit congé d'eux.*

Le jeune homme demanda alors au Sieur *de Fraiſſe* où c'eſt qu'il le menoit?... Lequel lui répondit: *Au pays, s'il plaiſt à Dieu!... Ah!* (répondit le jeune homme) *je le ſupplie qu'il nous en faſſe la grace!*

Au bout de deux journées, ils arriverent à une hoſtellerie, où étoit déja arrivé un homme de condition, qui avoit ſept ou huit chevaux de ſon train. Tous ſes diſcours étoient que l'on avoit bien attrapé *ces méchants Huguenots*, & louant *à merveille* la réſolution du Roi.

Ils firent, le lendemain, la journée enſemble. Quand celui-ci étoit arrivé au logement, il prenoit ſa robe de chambre; & le jeune homme, en la voyant, reconnut que c'étoit celle de ſon frere. Auſſi le diſcours continuel de ce Gentilhomme, étoit du déplaiſir qu'il diſoit avoir reçu de n'avoir pu attraper le Sieur de Caumont; *d'autant qu'ayant donné droit à la porte de ſon hoſtel, il s'étoit évadé par celle de derriere; que pour le Sieur de* LA FORCE, *ſon frere, il avoit été dépeſché, lui & ſes enfants.*

Cet homme avoit la fievre quarte, & répéta plusieurs fois, en présence dudit jeune homme : *Que s'il eût pu attraper le Sieur de* CAUMONT, *il y eust passé comme les autres.* Mais eux, marchans en plus grande diligence que lui, gaignerent les devants : aussi cette compagnie ne leur étoit guere agréable.

Il leur arriva encore un fort mauvais rencontre au bout de deux jours.

Etant en une hostellerie, comme les discours ordinaires étoient de ce *grand massacre* qui avoit été fait par toute la France, il y avoit là trois ou quatre hommes, avec lesquels s'échauffant en paroles sur ce sujet, il eschappa au Sieur *de Fraisse* de dire, que c'étoit un meschant acte, & une grande perfidie & cruauté. A quoi ceux-ci répliquant hardiment, il reconnut avoir eu tort, & s'estre trop eschappé; & que ces gens, ayant remarqué son dire, pouvoient soupçonner qu'ils fussent des *Huguenots*, & eschappés du *massacre de Paris.*

En effet, étant partis le lendemain de grand matin, & à dessein, de cette hostellerie, ils trouverent déja les autres au Fauxbourg, montés sur de bons chevaux, tous armés de pistolets, & qui faisoient semblant de s'amuser à la porte d'un cabaret; de forte qu'ils n'eurent pas fait un quart de lieue, qu'ils virent ces *drôles* venir à eux, ce qui leur donna l'allarme, à bon efcient, ne pouvant douter qu'ils ne les fuiviffent pour leur faire un mauvais parti.

Mais Dieu permit qu'heureufement, & en même-temps ils rencontrèrent en leur chemin un petit vallon, qui les méttant à couvert & hors de la vue de leurs ennemis, ils fe mirent au galop, pour tafcher de fe garantir de leurs mauvais deffeins, & arriverent dans un grand Bourg, avant que les autres les euffent pu joindre.

Ils s'arrefterent là, faifant femblant de vouloir rafraifchir. Alors les autres en firent de même, & les accofterent; mais le Sieur *de Fraiffe*, qui avoit reconnu leur mauvaife intention, s'avifa de leur faire changer l'opinion qu'ils avoient eue, qu'ils fuffent *Huguenots*, & commença leur faire cognoiftre comme il avoit commandement de M. le Marefchal *de Biron*, de faire venir fa Compagnie de Gendarmes, & qu'il alloit exprès pour cela avec un bon paffeport du Roi, *attendu que Sa Majefté alloit mettre fur pied une grande armée, pour achever de détruire entiérement tout ce qui pouvoit* rester de *Huguenots dans son Royaume.* Ce discours achevé, ils continuerent leur chemin, & apperçurent bientôt que ces *drôles*, qui sans doute ne les avoient suivis que pour leur faire du mal, s'en retournoient sur leurs mesmes pas. Ainsi ils continuerent leur voyage; & le huitieme jour de leur départ de Paris, se rendirent au château de *Castelnau-des-Mirandes*, où ledit Sieur *de Caumont*, oncle, s'étoit retiré, & qui reçut son neveu (qu'il croyoit mort) avec si grande joie & contentement, qu'il n'est pas croyable.

En effet, bien qu'il eust un fils unique, il témoigna à ce sien neveu une si tendre amitié, qu'il disoit librement, *qu'il avoit plus d'espérance en lui qu'en son propre fils*, & lui faisoit souvent réciter ce qui s'étoit passé; comment son pere & son frere avoient été tués, & lui par quels moyens il s'étoit sauvé. Admirant cette Providence divine qui l'avoit si heureusement conduit & deslivré d'un si grand péril, & prit grand soin de sa conduite & de l'administration de ses biens, en se chargeant de sa tutelle.

Je ne dois obmettre ici le soin qu'il prenoit de l'appeller de temps en temps en son cabinet, pour, par ses bonnes instructions, l'affermir toujours dans la crainte de Dieu, à qui il devoit incessamment rendre grace de cette singuliere & miraculeuse assistance, & l'exhorter en toutes ses actions à suivre toujours le chemin de la vertu.

Mais il n'eut guere la jouissance de si salutaires instructions, d'autant qu'au bout de quatorze ou quinze mois, le Sieur *de Caumont*, son oncle, vint à décéder; de sorte que ce jeune homme se trouva, en fort bas âge, destitué de pere, de mere, & de sondit oncle.

N. B. Ce même *de Caumont* qui échappa à la *Saint-Barthelemi*, est le fameux *Maréchal de la Force*, qui depuis se fit une si grande réputation, & qui vécut jusqu'à l'âge de quatre-vingt-quatre ans. Il a laissé des *Mémoires* qui n'ont point été imprimés, & qui doivent être encore dans les Archives de la Maison *de la Force*.

Note de la Henriade.

MÉMOIRES

Pour servir à l'Histoire du Pape
Clément XIV,

Traduits de l'Anglois, du Chevalier ***.

On dit assez communément en Italie : *Qu'un Pape ne voit jamais la Vérité, que lorsqu'il lit l'Evangile.* Clément, sans employer d'espions, ressource ordinaire de la bassesse & d'une tête étroite, portoit les yeux autour de lui, & voyoit par lui-même ce qu'il étoit besoin qu'il sût. Dès-là, digne du Trône, il savoit récompenser ou punir : *La Providence (disoit-il) m'a placé, comme une Sentinelle, uniquement pour veiller avec soin sur Israël.* Il est vrai que son extrême vigilance excita bien des murmures. Mais il étoit convaincu qu'un peuple n'est heureux, qu'à raison du plus ou du moins d'attention qu'apporte un Souverain, même aux moindres objets capables de contribuer au bien-être de ce peuple. Ce caractere une fois connu, quiconque se trouvoit chargé de quelque partie de l'Administration, se voyoit obligé de régler sa conduite, de maniere à ne pas risquer de déplaire à un Souverain aussi juste & aussi sévere que vigilant.

Il n'en étoit pas de même sous le précédent Regne, où les malversations les plus notoires se commettoient avec impunité. *Lambertini* (*Benoît XIV*) passoit pour être très-instruit, jouissoit de la plus grande réputation au-dehors, & manquoit des talents nécessaires pour bien gouverner ses Etats. Les *Romains* disoient de lui : *Magnus in folio, parvus in folio.*

Corsini (*Clément XII*) régna douze ans, & fut dix ans aveugle : d'où l'on peut juger si les Trésoriers & les Receveurs de l'Etat Ecclésiastique avoient de bons yeux !

Orsini (*Benoît XIII*) de l'Ordre des *Freres Prêcheurs*, trop *sanctifié* pour qu'on le pût soupçonner d'aucun mal, étoit constamment trompé par l'infortuné Cardinal *Coscia*, qui, quoique fils d'un Barbier Napolitain, s'enrichit aux dépens du *Saint Siege*, fut enfin enfermé dans le château *St. Ange*, & mourut en 1755, comblé de biens & de l'exécration publique.

Les devoirs d'un *Prince-Pasteur* sont très-difficiles à concilier : la Politique exige souvent ce que la Religion ne peut permettre. Si le caractere de Pape inspire la clémence, celui de Souverain prescrit la sévérité. Aussi l'Histoire nous dit-elle que *Sixte-Quint* fut un grand Monarque, sans être dévot; & que *Saint Pie* étoit un bon Pape & un pauvre Prince. Ce qui fait dire à certain Historien, que les six Souverains Pontifes pris dans l'Ordre des *Cordeliers*, avoient tous les talents qu'exige le Gouvernement ; & que ceux qu'a fournis l'Ordre des *Dominicains*, ne s'étoient trouvés propres qu'à édifier les *Fideles*.

Ganganelli (le défunt Pape) dont les noms de Baptême étoient *François-Laurent*, naquit à *Saint-Angelo*, dans le Duché *d'Urbin*, le 31 Octobre 1705, & fut élu Pape, quoique sans être encore Evêque, le 19 Mai 1769 : auquel temps le St. Siege se trouvoit dans des circonstances très-dangereuses & très-embarrassantes avec la Maison de Bourbon.

Nul n'avoit eu mieux que lui la principale qualité, ci-devant mentionnée, pour faire un grand Pape : c'est-à-dire, une piété mâle, plus analogue avec la Souveraineté, qu'une dévotion efféminée

& pusillanime. Sa Religion portoit l'empreinte de son caractere & de son génie, qui étoit ferme & élevé, sans quoi on l'eût vu souvent arrêté dans ses opérations. Mais voyant tout en grand homme au-dessus des rumeurs publiques, sans crainte sur les torts qui pourroient lui être imputés, & même sur ce qui pourroit s'en ensuivre, il sut être Prince & Pontife.

Les petits artifices propres à le conduire à ses fins, lui étoient absolument étrangers, quoique souvent employés par une Cour de tous temps accusée d'intrigues & de chicane. Si jamais il trompa les Politiques, ce ne fut que par son silence : la vérité, lorsqu'il parloit, s'exprimoit toujours par sa bouche. Il étoit né trop noble pour avoir recours aux moyens sinistres ; & son génie trop élevé pour le mettre dans le cas d'en avoir besoin. Sans être ni trop lent, ni trop vif, nul ne sut mieux que lui saisir le moment propre au succès qu'il se proposoit d'atteindre.

L'heure n'est pas venue (répondoit-il) à ceux qui le pressoient d'agir. Il écrivit un jour au Cardinal *Stoppani* : *Je me défie de ma vivacité ; ainsi votre Eminence n'aura ma réponse que vers la fin de la semaine. Notre imagination est presque toujours notre plus grande ennemie ; je tâche à la réprimer avant que de prendre un parti dont je pourrois me repentir. Les affaires, comme les fruits, ont leur maturité ; & ce n'est qu'au moment où elles pressent, que nous devons penser à les terminer.*

Sa façon de lire ressembloit à ses autres opérations ; il quittoit le livre s'il se trouvoit disposé à réfléchir : & attendu que les Souverains même sont conduits par les circonstances (d'où nous pouvons conclure que tout homme est né dépendant) il veilloit souvent une grande partie des nuits, & dormoit pendant la journée. *La Regle* (disoit-il souvent) *est bonne pour les Moines ; mais les besoins du peuple sont l'horloge du Souverain.* ,, La Bus-
,, sola di Fratri è la loro Regola ; ma il
,, bisogno del popolo è l'orologio dei
,, Sovrani ".

Cette maxime, dès qu'il fut Pape, l'arracha souvent à ses livres. Il ne lut alors que pour édifier, ou pour donner quelque relâche à l'attention qu'il apportoit aux grandes affaires. Il pensoit que tous les livres du monde pouvoient être réduits à six cents *in-folio*, & que ceux de nos jours étoient d'anciens Tableaux que d'adroits Réparateurs avoient trouvé l'Art de nettoyer assez bien pour les présenter comme neufs aux yeux du public.

Il est à regretter qu'il n'ait rien produit de son fonds en matiere de littérature, quoique plus d'un Ouvrage de *Benoît XIV* lui ait été attribué. Nous eussions trouvé dans ses Ecrits le flegme Germanique uni à la vivacité Italienne ; mais il étoit tellement persuadé qu'il y avoit beaucoup trop d'Ecrivains, qu'il trembloit toujours d'être tenté d'en accroître le nombre. Il disoit un jour, en riant : *Qui sait, pourtant, s'il ne passera pas un jour, par la tête à* Frere François, *de vouloir faire un Livre ?... Je répondrois cependant bien que ce ne seroit pas l'histoire de ses ragoûts, ou le Livre seroit bien court !*

Lorsqu'on lui parloit des Productions à la mode, contre le Christianisme, il avoit coutume de dire : *Plus on en verra paroître, plus l'on sera convaincu de la nécessité de son existence.*

Il observoit *que tous les Ecrivains opposés à la Religion Chrétienne savoient uniquement creuser un fossé ; mais ne savoient que faire de la terre qu'ils en tiroient, ni quoi faire du terrein qu'ils laissoient vacant.* Ce Voltaire, (disoit-il) dont il admiroit les Poésies, n'attaquoit si souvent la Religion, que pour se venger des inquiétudes qu'elle lui causoit; & que J. J. ROUSSEAU étoit un Peintre qui, en manquant toujours les têtes, excelloit uniquement dans les draperies.

Ce qui me choque le plus (ajoutoit-il, en parlant *du fameux* SYSTÊME DE LA NATURE), c'est que plus les principes en sont faux, & plus, dans un siecle tel que le nôtre, il aura de réputation & de lecteurs. Que ce seroit même ajouter au peu qu'il vaut, que de l'honorer d'une Réfutation un peu sérieuse. Que l'Auteur de ce Livre étoit un insensé, qui, après avoir chassé le Maître de la maison, croyoit pouvoir le remplacer à son gré; que chaque siecle, esclave de la mode & de la nouveauté, avoit sa façon particuliere de penser. Qu'au temps des superstitions avoit succédé celui de l'incrédulité; & que l'homme, après avoir adoré une multitude de Dieux, affectoit maintenant de n'en reconnoître aucun. Que la vertu, le vice, l'immortalité, l'annihilation même, tout lui paroissoit synonyme, dès que quelque brochure audacieusement superficielle lui servoit de rempart contre les cieux.

Qu'au temps où les Princes Payens persécutoient la Religion, un Pape avoit du moins la gloire & le bonheur de la défendre au prix de sa vie ; mais qu'aujourd'hui qu'il ne peut courir au martyre, il est forcé d'être l'infortuné témoin des triomphes de l'erreur & de l'impiété.

C'est en présence d'un Commandeur de *Malthe*, & de qui l'Auteur les tient, que ce Pontife vertueux faisoit souvent des réflexions de ce genre. Il m'a dit même être très-convaincu que ce Pape, toujours prêt à se sacrifier pour le bien de la Religion & les intérêts de l'Eglise, ne regardoit sa vie que comme peu de chose, vis-à-vis de si grands & si respectables objets.

C'étoit uniquement pour la gloire de l'Eglise qu'il nommoit de temps en temps au Cardinalat, sans égard pour la naissance, ou pour les Protecteurs des Candidats, à moins qu'il ne les crût vraiment dignes de la Pourpre.

Cette institution, qui prit naissance au neuvieme siecle, n'eut d'autre objet que le bien & l'honneur de la Religion. Ils composoient le Conseil des Souverains Pontifes, lorsqu'ils avoient besoin de les consulter ; & l'on vit de tout temps parmieux des personnes du premier mérite, & dont le zele, joint aux lumieres acquises, se trouverent aussi utiles à l'Eglise, qu'à l'Etat. Plusieurs d'entr'eux porterent même le courage & leur foi jusqu'aux extrêmités de l'Univers; d'autres, de l'aveu des Souverains, ont gouverné avec autant de bonheur que de prudence les Empires les plus florissants; & les temps les plus reculés de l'avenir ne se rappelleront qu'avec un sentiment d'admiration méritée, les *Amboise*, les *Ximenès*, les *Richelieu* & les *Fleury*.

Si *Clément XIV* ne fit pas de promotion complete de Cardinaux pendant le cours de son Pontificat, il faut présumer qu'il y trouva des obstacles de la part de quelques Puissances, ou que le choix des sujets a pu l'embarrasser; & qu'il ait préféré de ne pas choisir, à la crainte de déplaire à d'anciens amis, que peut-être il ne croyoit pas assez dignes de ce titre. Les qualités requises dans un ami ne sont pas toujours suffisantes pour en faire un Cardinal.

Pour bien juger du génie de *Clément*, il eût fallu le voir de près avec ses amis, & sur-tout avec le Cardinal *de Bernis*, conférant librement sur les matieres du temps, & sur les moyens propres à concilier les intérêts de la Religion avec ceux des Princes. Lorsque l'objet de la conférence avoit été suffisamment débattu, & mis dans tout son jour, *Ganganelli* prononçoit & décidoit avec fermeté. La moindre erreur eût été de la plus grande conséquence, sur-tout étant question de bien peser les droits du Souverain Pontife, ainsi que les motifs qui le faisoient agir, & de ne point s'écarter des bornes qui fixent l'équilibre entre le S. Pere & les autres Potentats.

Plus les fonctions & les devoirs d'un Pape sont difficiles & pénibles, plus le repos lui devient souvent nécessaire, pour le mettre en état de reprendre ses travaux. Le château de *Castelgandolphe*, bâti par le *Cavalier Bernin*, à quatre lieues de *Rome* près du Lac *Albano*, & qui domine sur les points de vue les plus agréables, est, pendant l'été, la résidence ordinaire des Souverains Pontifes.

Clément ne manquoit jamais de s'y rendre dans les mois de Mai & d'Octobre, c'est-à-dire, dans les saisons les plus propres, en Italie, à goûter les plaisirs que peut procurer la campagne. C'est-là que, pour connoître intimement *Ganganelli*, nous l'eussions vu anacomisant un insecte, analysant une fleur, épiant & suivant avec attention les phénomenes de la Nature, & par degrés s'élevant jusqu'à son Auteur. De-là, portant un coup d'œil général sur le Ciel & sur la Terre, ou rentrant & se renfermant en lui-même, il s'occupoit à réfléchir sur ce qu'est en effet l'homme; & dans d'autres instants, conversoit familiérement avec ses vrais amis.

Son imagination se délectoit à promener ses regards sur toutes les beautés qui se présentent d'elles-mêmes dans le voisinage de Rome. Au souvenir de ces anciens Romains, dont les hauts faits avoient jadis illustré ce fameux Territoire, sa mémoire lui rappelloit les passages les plus sublimes & les plus ingénieux des anciens Poëtes. Il n'est guère d'Italiens, quelque peu lettrés qu'ils puissent être, pour qui les Ouvrages de l'*Arioste*, du *Dante*, du *Tasse*, de *Pétrarque* & de *Métastase*, soient absolument étrangers, les femmes mêmes en font leurs délices, & dans l'occasion, en citent les plus beaux endroits.... Il n'est donc pas étonnant qu'un esprit aussi orné que celui de *Clément*, se les rappellât toujours avec plaisir.

Souvent, lassé de réfléchir, il se retiroit avec un ancien ami de Couvent, dans un bosquet inacceffible aux curieux. C'eft-là, qu'en s'amufant des anecdotes de leur Cloître, & des petites aventures de leur jeuneffe, ils goûtoient des plaifirs uniquement faits pour des ames auffi fimples & auffi fenfibles que les leurs.

Un jour, *Clément*, fixant les yeux fur cet ami : *Il a gardé fon habit* (s'écriat-il) *il eft bien plus heureux que moi fous la Thiare !... Il étoit fans doute de ma deftinée, d'être Pape ? & je crains bien....* (il fe retint ici) *Quoi qu'il en foit*, (ajouta-t-il) *foumettons-nous au Tout-puiffant !*

C'eft dans ces difpofitions qu'on le voyoit toujours, lorfque quelques Ambaffadeurs lui étoient annoncés : ils le trouvoient auffi calme & auffi ferein que fi nulle inquiétude ne l'eût agité. Mais il rioit, fous cape, de l'exercice infructueux qu'il donnoit à la curiofité.

Lorfqu'il donnoit, à *Caftelgandolphe*, à dîner à quelques *Grands* d'Efpagne, il oublioit fa fouveraine autorité, & faifoit gayement les honneurs de la Fête, fans permettre que perfonne fe levât pour le faluer.

Le Public imaginoit quelquefois qu'il avoit perdu de vue la grande affaire des

Jéfuites, tandis que, fuivant l'ufage & l'efprit de la Cour de Rome, il vifoit uniquement à gagner du temps. Il ne s'occupoit cependant pas moins à parcourir les Archives de la *Propagande*, à confulter les Mémoires du *Cardinal de Tournon*, de *Maigrot*, de la *Beaume*, & des Miffionnaires de la *Société*, les reproches qui lui étoient faits, & les réponfes qu'on y avoit oppofées; tandis que, fe tenant en garde & contre les Satyres & les Apologies, il tâchoit à trouver le vrai des chofes avec l'impartialité la plus froide & la plus éclairée; ne cherchant, en un mot, à prononcer fur un pareil fujet, que comme la poftérité fe trouveroit forcée de prononcer.

Laiffez-moi, (difoit-il aux Souverains qui le preffoient de fe décider,) *laiffez-moi le loifir d'examiner cette importante affaire? Je fuis le Pere commun des Fideles, & fur-tout du Clergé, & ne puis me réfoudre à détruire un Ordre célebre, fans des motifs qui puiffent me juftifier aux yeux de tous les fiecles, & fur-tout à ceux du Seigneur.*

Le Peuple qui l'idolâtroit, ne ceffoit de bénir fon regne; & ce fentiment univerfel, qui ne fe démentit jamais, eft fans doute le plus bel éloge qu'on puiffe faire

faire des vertus de *Ganganelli*. On sait que les Romains passent aisément de l'enthousiasme à la haine ; qu'ils ont souvent fini par calomnier les Pontifes qu'ils avoient flattés le plus ; & qu'un Pape, pour leur plaire, ne doit guere régner plus de trois ans. En partant des idées qu'inspirent leur fainéantise, ils se flattent toujours qu'un changement de Maître doit être suivi d'un surcroît d'aisance & de félicité pour les sujets : de même qu'un malade se flatte d'être mieux dès qu'il aura changé de place.

Il eût manqué quelque chose à la gloire de *Clément*, s'il n'eût en rien contribué à l'embellissement de Rome. Mais sans vouloir suivre servilement les traces de *Sixte-Quint*, de *Paul V*, & de *Benoît XIV*, il composa un *Musæum*, où ce qu'il crut le plus digne de la curiosité des Antiquaires & des Voyageurs, se trouve rassemblé, c'est-à-dire, les morceaux les plus rares, en tout genre, que nous ayent transmis les Anciens.

On eût pu dire, à cette occasion, que, jalouse de faire honneur à ce Pontificat, Rome entiere s'empressa de rendre au jour tous les chefs-d'œuvres qu'elle tenoit renfermés dans son sein, pour enrichir la superbe Collection commencée sous le regne de *Lambertini*.

C'est dans ce précieux dépôt, que le Curieux voit d'un coup d'œil le Triomphe du Christianisme, dans les divers fragments de tout ce qui servoit aux sacrifices des Payens; & les ruines de toutes ces divinités profanes, dont les statues n'ont maintenant d'autre prix à nos yeux, que celui qu'y ont attaché les talents & la célébrité des Artistes.

Lorsque *Clément* croyoit pouvoir se distraire quelques instants des affaires qui l'occupoient, il se plaisoit à parcourir ces monuments avec les Etrangers de distinction, & les Artistes d'une réputation connue; mais plutôt comme un Souverain qui s'étoit fait un devoir d'en embellir sa Capitale, que comme un Amateur qui n'avoit fait que céder à son goût ou à ses fantaisies.

C'est ce qu'il dit un jour au Chevalier *de Châtelus*, l'un des plus dignes descendants de l'immortel *d'Aguesseau*, qui joint aux grandes qualités de l'esprit les connoissances les plus étendues, dans un entretien qu'il eut avec lui sur différents objets, en ajoutant avec gaieté: *qu'étant né dans un Village, & élevé dans un Cloître, où l'amour des Arts ne se trouve guere inspiré, il n'avoit pu se procurer les connoissances nécessaires pour* prononcer en CONNOISSEUR sur les Monuments qu'il avoit rassemblés; mais qu'en sa qualité de Souverain, il s'étoit cru naturellement obligé d'exposer aux yeux des Artistes & des Curieux les modeles les plus parfaits, pour qu'ils pussent les connoître & chercher à les imiter.

S'il ne récompensa par les Gens de Lettres & les Savants, autant qu'ils pouvoient avoir droit de l'espérer de la part d'un Pontife aussi éclairé, c'est aux circonstances qu'il faut s'en prendre. La multiplicité des affaires dans lesquelles il se trouvoit engagé, joint au peu qu'à duré son regne, ne lui laisserent ni le temps, ni le loisir de s'occuper essentiellement d'un objet, pour lequel il seroit injuste de lui supposer l'ombre même de l'indifférence.

D'ailleurs, un Pape n'est pas toujours maître de satisfaire ses desirs, quelque agréable que puisse en être l'objet: des incidents qu'il ne sauroit prévoir, & que le temps seul peut vaincre, sont presque toujours suffisants pour lui lier les mains.

Il fut pourtant toujours très-attentif à nommer aux Evêchés vacants, & sur-tout en faveur de ceux qu'il croyoit les plus dignes de les remplir; & c'est à quoi l'on doit attribuer la préférence que dans ce cas il accordoit toujours aux Ecclésiastiques de son Ordre.

Un Pape est généralement très-circonspect dans le choix des sujets propres à l'épiscopat : c'est pourquoi les Evêques Italiens sont presque toujours aussi paisibles que savants, & aussi charitables que zélés. Constamment résidents dans leurs Dioceses, & vivant amicalement avec leurs Curés, on doit se garder de les confondre avec ces *Monsignori*, connus dans Rome sous le titre de *Prélats*, & qui souvent, n'étant pas même dans les Ordres, sont pourvus de tel poste qu'un Laïque devroit remplir.

Clément n'étoit pas moins circonspect sur le choix & la nomination de ses *Nonces*; il desiroit qu'ils lui fissent honneur aussi-bien par leur façon de vivre, que par leurs talents, & sur-tout par l'amour de la paix. Et s'il donna la préférence à M. *Doria*, pour la Nonciature de France, quoique sa jeunesse y semblât mettre obstacle, c'est qu'il se croyoit convaincu que ses vertus avoient devancé ses années, & que déja son mérite égaloit la célébrité de son nom. Il ne l'envoyoit, en un mot, à la Cour de *Louis XV*, que comme un Ange de paix, très-capable de maintenir cette harmonie par lui tant desirée entre le Pere & le Fils aîné de l'Eglise.

La Religion n'a souvent que trop souffert du zele indiscret de ses Ministres.... Pour prévenir cet inconvénient, autant qu'il le croyoit possible, *Clément*, dont la prudence dirigeoit toutes les démarches, observoit la même tolérance évangélique, que le divin Législateur envers les *Saducéens* & les *Samaritains*. Il disoit même à ce propos: *Pour maintenir la Foi, nous oublions la Charité; sans penser que s'il ne nous est point accordé de tolérer absolument l'erreur, il nous est défendu de haïr & de persécuter ceux qui malheureusement l'ont embrassée.*

On sait que sa mort fut assez généralement attribuée au poison : comme si un homme de soixante-dix ans, & accablé d'infirmités, n'eût pu naturellement y succomber. Il est vrai que ses procédés contre les *Jésuites* ont pu fournir à certaines gens quelques couleurs assez propres à rendre cette imputation plausible, sur-tout en l'ornant de circonstances faites pour lui donner quelque crédit dans le monde. On ne sait pourtant pas moins combien le Pontife étoit depuis long-temps sujet aux plus douloureux accidents, procédant originairement d'une suppression d'urine, de laquelle il avoit été ci-devant affligé.

Mais, quoique les Ministres de France & d'Espagne eussent été présents à l'ouverture de son corps, le récit de cette opération ne fut pas moins chargé des particularités les plus horribles, jusqu'au point même de répandre & d'affirmer confidemment que les cheveux du Défunt tomboient sous la main, ainsi que la tête même, & que l'odeur qu'il répandoit, avoit empoisonné jusqu'aux Opérateurs. Peu importoit (tant les préjugés sont puissants) que ces mêmes Opérateurs se montrassent par-tout vivants, & que les Médecins & les Chirurgiens démentissent ces calomnies : elles n'en circuloient pas moins ; & subsisteront probablement plus d'un jour, comme des vérités, dans l'esprit d'un grand nombre de personnes.

F I N.

ADDITION
NÉCESSAIRE

Au Recueil intitulé : Pieces intéressantes et peu connues, pour servir a l'Histoire.

A Bruxelles, 1781.

On lit dans ce Recueil, pages 162 & 163, l'Anecdote suivante, qui a besoin des Eclaircissements que nous allons y joindre.

ANECDOTE.

„ La terre de Courson appartenoit à
„ un Gentilhomme nommé de Fargues".

ÉCLAIRCISSEMENTS.

Gentilhomme si l'on veut, il peut y avoir des Gentilhommes de ce nom ; mais on va prouver que l'Auteur de l'Anecdote, quel qu'il soit, n'a su quel étoit ce de Fargues, & n'a connu ni la nature de son affaire, ni la cause, ni le genre, ni l'époque de son supplice.

Balthazar de Fargues fut condamné par Arrêt du 27 Mars 1665, non pas à être *décapité*, comme le dit l'Auteur de l'Anecdote, mais à être pendu; non pas pour *un meurtre*, comme le dit le même Auteur, mais *pour malversations par lui commises au fait de la fourniture du pain de munition par lui faite pendant plusieurs années, à la garnison de Hesdin, & autres troupes qui ont passé audit lieu.*

Il se qualifie *Major de Hesdin* dans dix quittances & décharges de la fourniture du pain de munition, donnée pendant treize ans, à compter de 1645, jusques & compris 1657.

Dans un acte de 1648, il est dit *employé dans l'Etat major, comme Major dans le régiment de Belle-Brune.*

On voit d'ailleurs qu'il étoit l'associé des entrepreneurs des vivres; l'acte par lequel il s'associe avec les Sieurs Pollard, Cazette & Jacques, au Traité général des munitions de l'année 1654, acte écrit de sa main, est rapporté dans son procès.

Il fut jugé, non pas par le Parlement, comme les titres *de premier Président & de Procureur-général* employés dans l'Anecdote, sans aucune explication, pouvoient le faire croire, mais par une commission siégeante à Abbeville, composée de la Sénéchaussée & siege Présidial de cette ville, & présidée par M. de Machault, Intendant d'Amiens.

nécessaire. 321

Le Procureur-général pareillement établi par commission, étoit le Sieur Guignerel, Avocat du Roi au même Présidial.

Le procès criminel de de Fargues étoit auparavant pendant *pardevant deux Officiers du même Présidial*, savoir le Lieutenant-Général & un Conseiller, comme *Subdélégués de la Chambre de Justice*, établie en 1661. Le Roi, par un Arrêt du Conseil du 18 Février 1665, avoit évoqué cette affaire, & l'avoit renvoyée devant l'Intendant de la Province, & devant le Présidial entier d'Abbeville. Ainsi c'étoit une affaire totalement étrangere au Parlement, & sur laquelle le titre de premier Président ne donnoit aucune influence.

L'Arrêt condamne Balthazar de Fargues à être pendu, *enquêtes faites*, est-il dit, *par Le Vignier, Juge & Lieutenant-Criminel de Narbonne, de l'extraction dudit de Fargues*; ce qui n'annonce pas un Gentilhomme.

,, Après les troubles de la Fronde,
,, où il avoit joué un rôle, l'amnistie pu-
,, bliée, il s'étoit retiré dans sa terre, où
,, il vivoit tranquille, aimé & estimé de
,, tous ses voisins ".

Dans quelle Histoire, dans quels Mémoires du temps voit-on le Sieur de Fargues *jouer un rôle contre la Cour* au milieu des troubles de la Fronde ? L'Auteur parle de ce Major du régiment de Belle-Brune, pendu pour avoir volé le pain des troupes, comme d'un homme important. Il est évident qu'il n'a point su du tout qui étoit cet homme. Il y a preu-

O v

ve au procès que de Fargues n'a cessé d'être au service du Roi & avant la Fronde, & pendant la Fronde, & après la Fronde ; qu'il n'a point été condamné pour avoir servi contre le Roi, ce qu'il n'a point fait, mais pour avoir malversé & prévariqué dans son service.

,, Le Comte de Guiche, le Marquis,
,, depuis Duc du Ludes, Vardes & Lau-
,, zun, s'étant égarés la nuit à un retour
,, de chasse, & cherchant un asyle, la
,, lumiere qu'ils apperçurent les guida
,, vers le lieu d'où elle partoit, qui étoit
,, Courson, où ils demanderent retraite
,, jusqu'au jour. De Fargues les reçut
,, avec joie, leur fit servir à manger, &
,, les combla de politesses. De retour à
,, la Cour, ils conterent au Roi leur
,, aventure, & se louerent beaucoup de
,, de Fargues.

Comme le récit de l'Auteur est sans aucune date, il est impossible de dire si cette aventure de chasse s'accorde avec des époques connues, par exemple, avec le séjour que le Comte de Guiche fut obligé de faire en Lorraine en 1662, avec le voyage de Pologne qui suivit ce séjour en Lorraine; avec la rupture qui, au retour du Comte de Guiche, ne tarda pas à éclater entre lui & le Marquis de Vardes; avec le nouveau voyage que le Comte de Guiche fut forcé de faire en Hollande en 1664; enfin, avec tous les événements du temps. En général, il y a lieu de foupçonner ici de l'anachronifme, quoiqu'on ne puiffe le vérifier, parce qu'il manque pour cela deux bafes effentielles, l'époque de la prétendue partie de chaffe, & celle où le Sieur de Fargues fut mis fous la main de la Juftice.

„ A ce nom qui réveilla dans le cœur
„ du Roi le reffentiment de la Fronde:
„ Comment, dit-il, ce coupable-là eft
„ dans le Royaume, & fi près de moi!

Ce reffentiment ne peut avoir eu lieu, puifque de Fargues n'avoit point été Frondeur, du moins dans fa conduite.

Quant à fes malverfations dans l'adminiftration des vivres, il eft peu vraifemblable qu'elles fuffent parvenues à Louis XIV, avant le procès, & il eft affez vraifemblable qu'il ignoroit jufqu'au nom de de Fargues.

„ Il manda le premier Préfident de
„ Lamoignon, & lui ordonna de faire
„ rechercher toute la vie de de Fargues.

Voilà un ordre que Louis XIV n'a certainement point donné, voilà une commiffion dont le premier Préfident de Lamoignon ne fe feroit certainement point chargé. Quel intérêt eût pu animer ainfi un grand Roi contre un particulier obfcur? D'ailleurs, foyons juftes envers les Rois comme envers les autres hommes: quand a-t-on vu Louis XIV violer ainfi par passion une amnistie solemnelle? Osons dire qu'il en étoit incapable.

Quant à M. de Lamoignon, quoique le moment où on tente si gratuitement & si vainement de le diffamer, soit peut-être le moment de le louer, contentons-nous de dire que toute sa vie dément cette calomnieuse Anecdote, dans laquelle il n'est pas possible de reconnoître le Magistrat sensible & courageux, qui osa défendre contre toutes les préventions de Louis XIV, contre toute l'animosité de Colbert, l'infortuné Fouquet, son ennemi personnel, qu'il jugeoit coupable, mais qu'il voyoit persécuté. Sur cette réputation de vertu qu'a laissée M. le premier Président de Lamoignon, & que ses descendants regardent comme leur plus précieux héritage, nous pouvons renvoyer à tous les Mémoires du temps.

On pourroit, comme nous l'avons déja dit, & comme nous aurons encore occasion de l'observer, induire du récit de l'Auteur de l'Anecdote, que M. de Lamoignon fut le Juge de de Fargues, & qu'il en eut la confiscation, pour prix de sa condescendance aux desirs du Roi. Nous n'aurons pas de peine à persuader, qu'un renversement si scandaleux & si indécent de toutes les loix protectrices de l'innocence, n'étoit ni dans les mœurs de Louis XIV, ni dans celles de M. de Lamoignon; mais pour nous renfermer dans ce qui est expressément allégué, l'ordre donné par Louis XIV, le motif de cet ordre, les recherches faites en conséquence par M. de Lamoignon, le résultat de ces recherches, toute l'Anec-

nécessaire. 325

dote, en un mot, est démentie par des titres formels.

„ Malheureusement, il se trouva cou-
„ pable d'un meurtre : (les crimes n'a-
„ voient pas dû être fort rares dans ces
„ temps de troubles.)

Encore un coup, il ne s'agissoit dans son affaire, ni de meurtre, ni de ces crimes que les temps de trouble font naître ; mais de malversation dans la fourniture du pain des troupes.

„ Et le Procureur-général eut ordre
„ de poursuivre l'accusé.

Nul autre Procureur-général n'eut ordre de poursuivre l'accusé, que le Sieur Guignerel, Avocat du Roi au Présidial d'Abbeville, nommé Procureur-général de la Commission, & dont à ce titre le devoir étoit de poursuivre de Fargues : mais, en parlant ainsi sans explication de l'ordre donné au Procureur-général, après avoir parlé de l'ordre donné au premier Président, on donne lieu de croire que de Fargues fut jugé par le Parlement, & comme Gentilhomme, par la Grand'-Chambre assemblée, par conséquent par le premier Président, qui eut la confiscation.

„ Qui fut arrêté, condamné & déca-
„ pité.

Il fut pendu.

„ Malgré l'amnistie, qui sembloit
„ avoir dû effacer tout ce qui étoit ar-
„ rivé.

Il n'y avoit point d'amnistie pour son crime.

„ Quoi qu'il en soit, ses biens fu-
„ rent confisqués; & le Roi donna la
„ terre de Courson au premier Prési-
„ dent.

Voilà l'unique fondement de toute cette histoire. Les biens de Balthazar de Fargues ayant été confisqués par Arrêt du 27 Mars 1665, les divers Seigneurs dont relevoit la terre de Courson, formerent des prétentions, & réclamerent des droits sur cette terre; ils soutenoient que la confiscation devoit leur acquérir *les biens, terres & fiefs situés dans l'étendue de leurs Justices*. Ces Seigneurs étoient le premier Président de Lamoignon, comme ayant la Châtellenie de Mont-Lhéry; Henri de Bullion, Comte de Fontenai, Charles de Fitte, Seigneur de Soucy, & Pierre Péquot, Seigneur de Saint-Maurice.

Mais l'Arrêt qui avoit condamné de Fargues portoit que, *sur ses biens confisqués, il seroit fait distraction particuliere, au profit du Roi, des sommes auxquelles se trouveroit monter ce qui avoit été induement pris & volé par de Fargues dans la fourniture du pain des troupes*.

Or, cette restitution qui, par sa nature, passoit avant tous les autres droits, absorboit tous les biens de de Fargues & tous les droits

nécessaire.

des contendants, même ceux du premier Président, qui étoient les plus apparents.

Le Roi depuis long-temps vouloit récompenser les services de M. de Lamoignon, & corriger sa fortune, qui souffroit de son désintéressement, & du fardeau d'une famille nombreuse (1). Il saisit cette occasion, & le subrogea en tous ses droits par ses Lettres du 30 Juillet 1667, qui furent *regiſtrées, tant au Parlement qu'à la Chambre des Comptes, Bureau des Finances & Chambre du Tréſor. Les autres contendants jugeant alors qu'il n'y avoit plus matiere à contestation,* firent, le 27 Janvier 1668, avec le premier Président, une transaction, par laquelle ils reconnurent la supériorité de ses droits, qui étoient ceux du Roi, & se désisterent de leurs prétentions; & M. de Lamoignon, de son côté, promit de servir & de *rendre les devoirs & reconnoiſſances ordinaires* pour les portions de la terre de Courson qui relevoient de ces autres Seigneurs. M. de Lamoignon n'avoit nulle raison de s'opposer à cette libéralité du Roi, qui ne coûtoit rien au peuple, & qui ne faisoit que rendre au Seigneur de Mont-Lhéry des droits réels, mais absorbés par des droits supérieurs (2).

___

(1) Il y avoit pour lors dix ans qu'il étoit premier Président.

(2) De cet arrangement, il résultoit un avantage pour les héritiers de de Fargues, puisque les restitutions auxquelles il avoit été condamné, avoient été liquidées, par des Arrêts du Conseil des 28 Mai & 14 Juin 1666, à une

Voilà sur quoi toute l'Anecdote est bâtie. De Fargues avoit été pendu, & sa terre avoit passé à M. de Lamoignon. M. de Lamoignon étoit chef du Parlement ; de Fargues étoit son voisin & son vassal : donc ce Magistrat avoit été le Juge ou le dénonciateur de de Fargues pour avoir sa confiscation. De Fargues étant ainsi rendu intéressant, & le premier Président odieux, on n'eut plus qu'à orner le roman ; il fallut que de Fargues fût un Gentilhomme vivant tranquillement dans sa terre, aimé, estimé de ses voisins, un citoyen paisible, autrefois frondeur, rendu maintenant au devoir & à la vertu, pas entièrement innocent (car l'imputation d'avoir fait périr un innocent eût été trop grave & trop peu vraisemblable,) mais coupable seulement d'un crime confondu dans la foule des crimes du temps, excusé par les circonstances, couvert par une amnistie, & que le premier Président fit revivre pour obtenir la confiscation de de Fargues.

Nous le demandons : est-il une réputation, est-il une vérité historique à l'épreuve d'une telle licence de conjecturer & d'imaginer ?

Finissons par quelques réflexions générales sur les conséquences de cette licence. On ne peut sans doute ouvrir trop de portes à la

---

somme de cinq cents mille livres qui se trouvoit toute employée sur la seule terre de Courson, achetée en 1655 par ledit de Fargues, pour 7800 liv. de rentes ; en sorte que le surplus des biens dudit de Fargues se trouvoit libre de confiscation & de restitution.

vérité, ni trop lui faciliter les moyens de paroître dans tout son éclat, & de dissiper tous les prestiges. Malheur à ceux qu'elle blesse! Le temps ni les intérêts particuliers ne prescrivent point contre elle; elle est éternelle, & l'intérêt public est qu'elle soit connue.

Mais, par la même raison, la calomnie ne peut être trop réprimée. Les Loix la punissent quelquefois quand elle attaque les vivants; mais on se la permet trop aisément contre les morts, soit par malignité, soit par légéreté, soit sur-tout par l'amour du paradoxe. Cependant, si on enleve aux hommes la douce assurance que la considération dont ils jouissent s'étendra jusqu'à leur mémoire, & les suivra dans la postérité, on ôte à la vertu un puissant aiguillon. D'ailleurs, si une diffamation posthume ne peut toucher une cendre insensible, peut-elle être indifférente à ceux que les liens du sang & de l'amitié attachent à la mémoire des morts que l'on attaque? N'est-ce pas pour eux un devoir comme un intérêt de la défendre? La gloire des peres est le patrimoine des enfants. Encore un coup, l'intérêt de la vérité, mais de la vérité seule, devroit l'emporter même sur ces considérations, & il seroit juste qu'une réputation usurpée fût détruite. Mais comment vient-on, après plus d'un siecle, sans preuves, sans autorités, sans citations, sans dates, sans aucune connoissance des personnages ni des faits, confondre, par un récit apocryphe, toutes les idées, dénaturer les caracteres, & flétrir des réputations consacrées? MM. de Lamoignon sont assez heureux pour pouvoir détruire, par des titres formels, la fable qui concerne le premier Président : mais il pouvoit arriver que ces titres, qui vont être imprimés à la suite de cet écrit, comme Pieces justificatives, échappassent à leurs recherches, & restassent ensévelis dans la poussiere d'un Greffe, ou dans des archives ignorées ; alors on n'auroit eu, pour repousser la calomnie, que des inductions tirées du caractere de M. de Lamoignon, & qu'une dénégation générale fondée sur le défaut absolu de preuves, ce qui suffit dans tous les Tribunaux de Justice, mais ce qui ne suffit pas toujours au tribunal de l'opinion.

N. B. Il nous reste à prévenir le Public sur un point. Les Anecdotes contenues dans le Recueil intitulé *Pieces intéressantes*, &c. sont, dit-on, tirées pour la plupart de Mémoires manuscrits très-célebres, & que beaucoup de personnes connoissent. Quoiqu'ils n'ayent point encore été publiés, ils le seront sans doute un jour, & l'anecdote du Sieur de Fargues y reparoîtra vraisemblablement : mais en quelque temps & dans quelque ouvrage qu'elle reparoisse, elle ne reparoîtra du moins que complétement réfutée d'avance par les Pieces qu'on va voir, & qui sont déposées à la Bibliotheque du Roi.

JUGEMENT

DE

BALTHAZAR DE FARGUES.

Du 27 Mars 1665.

Entre le Procureur du Roi, commis par Arrêt rendu au Conseil d'Etat, Sa Majesté y étant, le 18 Février 1665, Demandeur & Accusateur, d'une part; & Balthazar de Fargues, prisonnier ès prisons de l'Hôtel-de-Ville d'Abbeville, Défendeur & Accusé, d'autre.

Vu par Nous Louis de Machault, Conseiller du Roi en ses Conseils, Maître des Requêtes ordinaire de son Hôtel, déparri par Sa Majesté de la Généralité d'Amiens, Pays d'Artois reconquis & places frontieres de Picardie, ledit Arrêt du Conseil d'Etat dudit jour 18 Février 1665, & Commission sur icelui du même jour, à Nous adressant, signée LOUIS, & plus bas, PHELYPEAUX, scellée du grand sceau de cire jaune, par lesquels Sa

Majesté auroit évoqué à soi & à son dit Conseil, le procès criminel pendant contre ledit de Fargues & ses complices, pardevant les Sieurs Papin, Lieutenant-Général, & d'Avrest, Conseiller en la Sénéchaussée & Siege Présidial d'Abbeville, Subdélégués de la Chambre de Justice, & icelui avec ses circonstances & dépendances renvoyé pardevant Nous, instruit & jugé souverainement & en dernier ressort avec les Officiers dudit Présidial ; notre Ordonnance du... dudit mois de Février, par laquelle, en conséquence du pouvoir à Nous donné par ledit Arrêt, Nous aurions commis & subdélégué lesdits Sieur Papin & Davrest, pour continuer ladite instruction sur les poursuites & réquisitions du Sieur Guignerel, Avocat du Roi au même Siege, & commis par Sa Majesté par ledit Arrêt pour faire les fonctions de son Procureur en ladite commission ; les charges & informations faites par lesdits Sieurs Papin & d'Avrest en ladite qualité de Subdélégués de la Chambre de Justice, en vertu de l'Arrêt d'icelle du 15 Octobre dernier, des 13, 14 & 15 Janvier ; le décret de prise de corps décerné sur icelles, contre ledit de Fargues & Ma-

nécessaire.

thurin son valet, & d'ajournement personnel contre Marie Roussel veuve, & Marie Pinte, femme du Sieur de la Riviere, du 17 dudit mois; Arrêt de ladite Chambre, portant que ledit de Fargues sera transféré des prisons du For-l'Evêque ès prisons du Château de Ponthieu, pour son procès lui être fait & parfait par lesdits Subdélégués jusques à Sentence définitive inclusivement, sauf appel; l'interrogatoire dudit de Fargues, fait par lesdits Sieurs Papin & d'Avrest, Subdélégués, portant les causes de récusation contre eux proposées, du 4 Février; Sentence sur icelles, du 5 dudit mois; autre interrogatoire dudit accusé, dudit jour 5; interrogatoire de ladite Marie Roussel, du même jour 5 Février; ampliation d'informations faites par lesdits Sieurs Subdélégués, des 4, 6, 7, 8, 9, 11, 16, 19, 22, 24 & dernier dudit mois de Février; autre ampliation & continuation d'informations faites par lesdits Sieurs Papin & d'Avrest, nos Subdélégués, du 3 de ce présent mois de Mars; autres informations faites ès villes de Calais, Dunkerque & Gravelines par le Sieur Feramus, Lieutenant-Général audit Calais, en qualité de Commissaire Subdélégué par ladite Chambre de Justice, des 14, 20, 21, 23 & 24 dudit mois de Février, jointes audit procès par ordonnance du 4 dudit mois de Mars; interrogatoires dudit accusé, faits par nosdits Subdélégués, des 2, 3, 4 & 6 jours suivants; continuation dudit interrogatoire par nous fait audit de Fargues, accusé, le 8 dudit mois; notre Ordonnance pour récoller & confronter les témoins, du 9 du même mois; interrogatoire de ladite Pinte, détenue au lit malade, du lendemain 10; récollements & confrontations de témoins audit accusé, des 12, 13, 14, 15, 16, 18, 19 & 20 dudit mois; autres informations faites à Hesdin, en vertu d'Ordonnance dudit jours 14 Mars, touchant les exactions commises par ledit accusé, au bas desquelles est l'Ordonnance portant que ledit accusé sera interrogé sur les faits résultants desdites informations; interrogatoire du lendemain 15; Ordonnance dudit jour, portant que les témoins ouis esdites informations seront récollés en leurs dépositions & confrontés audit accusé; récollements & confrontations des 15 & 16 dudit mois; onze extraits des comptes rendus à la Chambre, de la fourniture du pain de munition pour

nécessaire. 335

différents quartiers des années 1645, 1646, 1647, 1649, 1650, 1653, 1654 & 1656, représentés aud. accusé, dont il n'auroit voulu convenir lors de son interrogatoire dud. jour 8 Mars; traités faits au Conseil du Roi aux particuliers y dénommés, pour la fourniture du pain de munition des armées & Provinces pour les années 1646, 1647, 1648, 1649, 1653, 1655 & 1656, en date des 2 Septembre 1645, 26 Septembre 1646, 9 Décembre 1647, 5 Décembre 1648, 12 Mars 1655 & 8 Mars 1656, portant la qualité du grain & du bled qui devoit être employé pour la fourniture dudit pain, & à quels Officiers ledit pain devoit être délivré; association dudit accusé au traité général des munitions de l'année 1654, avec les Sieurs Pollard, Cazette & Jacques, écrit de sa main, du 21 Juin de ladite année, au bas duquel est sa quittance en forme de compte fait avec ledit Sieur Pollard du dernier Novembre 1657, reconnue par ledit accusé; acquit de sept mille rations pour le Régiment de la Tour-Roquelaure, par lui baillées au Sieur Jacques, par lequel il promet de lui faire bailler la décharge du Commandant dudit Régiment, ledit acquit du 13 Octobre 1652, représenté avec ledit traité & association & reconnus ledit jour 8 Mars; dix quittances & décharges de la fourniture du pain de munition, baillées par ledit de Fargues, comme Major de Hesdin, des 19 Juin 1646, dernier Janvier 1647, dernier Mars 1648, dernier Décembre 1649, 30 Octobre 1650, dernier Décembre 1654, dernier Juin 1655 & 30 Juin 1657, tirés de ladite Chambre des Comptes, & à lui représentés suivant le procès-verbal du 20 Mars, portant la dénégation de son seing; Ordonnance du 21 dudit mois, portant que lesdites décharges seront vérifiées pardevant deux Notaires & deux Ecrivains nommés d'office; procès-verbal de vérification du même jour; dix autres quittances & décharges de ladite fourniture, baillées par ledit accusé & par lui soussignées, des 19 Mars & 11..... 1646, dernier Avril & dernier Octobre 1647, dernier Décembre 1649, 15 Novembre & dernier Décembre 1650, dernier Novembre 1655, dernier Mars & Décembre 1657, à lui représentées le 24, & vérifiées pour être souscrites de sa main par les mêmes experts, par acte du 25 Mars; copie d'un compte rendu à la Chambre, de la solde de la garnison

nécessaire.

garnison de Hesdin pour l'année 1648, par lequel ledit de Fargues est employé dans l'Etat-Major, comme Major dans le Régiment de Bellebrune ; compte du revenant-bon audit Sieur de Bellebrune entre le Sieur Levasseur & ladite Pinte, de 1665 ; enquête faite par Le Vignier, Juge & Lieutenant criminel de Narbonne, de l'extraction, vie & mœurs dudit de Fargues ; Conclusions définitives du Procureur du Roi, auquel le tout a été communiqué ; & après que ledit de Fargues, prisonnier & accusé, a été mené & conduit en la Chambre du Conseil de la Sénéchaussée & Siege Présidial d'Abbeville, & qu'il a été oui & interrogé sur la sellette : Nous, par Jugement souverain & en dernier ressort, de l'avis des Sieurs Officiers de ladite Sénéchaussée & Siege Présidial d'Abbeville, assemblés en ladite Chambre du Conseil au nombre de seize, avons déclaré & déclarons ledit de Fargues duement atteint & convaincu des crimes de péculat, larcins, faussetés, abus & malversations par lui commises au fait de la fourniture du pain de munition par lui faite pendant plusieurs années à la garnison de Hesdin & autres troupes qui ont passé audit lieu ; pour réparation desquels,

P

nous l'avons condamné & condamnons à être pendu & étranglé à une potence qui sera, pour cet effet, dressée en la place du marché de cette ville ; avons déclaré tous & chacun ses biens acquis & confisqués au Roi, sur lesquels sera néanmoins fait distraction particuliere au profit de Sa Majesté, des sommes auxquelles se trouvera monter ce qui a été induement pris & volé par ledit de Fargues dans ladite fourniture, *suivant la liquidation qui en sera faite par le Commissaire à ce député, & en outre de la somme de trois mille livres, applicable en œuvres pies, & de celle de deux mille liv. aux réparations du Palais dudit Siege, comme aussi des frais du procès. Fait & arrêté en ladite Chambre du Conseil, le vingt-septieme Mars mil six cent soixante-cinq. Collationné & signé* CHENUDEAU, *avec paraphe. Et au bas, Greffier des commissions de mondit Sieur* DEMACHAULT.

Collationné à l'original en parchemin, par les Notaires au Châtelet de Paris, soussignés, ce fait rendu, le cinquieme jour de Novembre mil six cent soixante-dix-neuf. Signé SYMONNET *&* GALLOIS, *Notaires, avec paraphe.*

nécessaire.

Collationné par les Conseillers du Roi, Notaires au Châtelet de Paris, soussignés, cejourd'hui douze Mars mil sept cent quatre-vingt-un, sur pareille copie, représentée & rendue.

HAMEL, ARNAUD.

TRANSACTION.

FURENT présents en leurs personnes, haut & puissant Seigneur, Messire Guillaume de Lamoignon, Chevalier, Seigneur de Baville, Baron de Saint-Yon, Boissy & autres lieux, Conseiller ordinaire du Roi en tous ses Conseils, premier Président en sa Cour de Parlement, demeurant en son Hôtel en la Cour du Palais, Paroisse de la Sainte-Chapelle basse ; d'une part.

Messire Henri de Bullion, Comte de Fontenay, Conseiller du Roi en ses Conseils & en sadite Cour de Parlement, demeurant rue Haute-Feuille, Paroisse St. Benoît.

Messire Charles de Fitte, Chevalier, Seigneur de Soucy & autres lieux, demeurant au château dudit Soucy, étant de présent à Paris, logé rue Saint-Julien le Pauvre, en la maison du Chariot d'or.

Et Messire Pierre Pecquot, Seigneur de Saint-Maurice, Conseiller du Roi en ses Conseils, Secretaire de Sa Majesté, Maison-Couronne de France & de ses Finances, Garde des rôles des Offices de France, demeurant à Paris, rue des Blancs-Manteaux, Paroisse Saint-Jean en Greve; d'autre part.

Lesquelles Parties desirant prévenir le différend prêt à mouvoir entre elles, pour raison des droits respectivement prétendus ès biens de Balthazar de Fargues, condamné & exécuté à mort, en conséquence de la confiscation ordonnée par le Jugement du Présidial d'Abbeville, du 27 Mars 1665, chacun desdits Sieurs de Fontenay, de Soucy & de Saint-Maurice, soutenant que la confiscation devoit leur acquérir les biens, terres & fiefs qui sont dans l'étendue de leurs Justices; savoir, de la part dudit Sieur de Fontenay, du fief de Sainte-Catherine, avec droit de haute, moyenne & basse justice, & neuf livres de rente, dont ladite terre & Comté de Fontenay sont chargés pour soulte d'échange fait autrefois entre les auteurs

& Seigneurs desdites terres ; de la part dudit Sieur de Soucy, la quantité de dix-sept arpents ou environ en plusieurs pieces, tant terres labourables, que bois & broussailles, vingt six livres dix sols & deux chapons de rente, dus par Pierre Gasselin à la Roussiere ; vingt livres, faisant moitié de quarante livres de rente, dues par Claude Gasselin au même lieu ; trois liv. douze sols de rente, dus par François Guinechart, & neuf livres, aussi de rente, dues par les héritiers Craillet, trois livres dues par la veuve Jacques Brasey ; & à l'égard dudit Sieur de Saint-Maurice, une piece de sept quartiers de prés, située dans la prairie de Saint-Maurice, proche le moulin de Folleville ; une autre piece d'un quartier & demi de pré en la prairie de Vaurevoul, & la quantité de vingt-huit arpents de terres labourables en plusieurs pieces, & dépendants de la ferme de Moutlon : desquelles terres, prés & rentes, lesdits Sieurs de Fontenay, de Soucy & de Saint-Maurice avoient pris possession, comme en ayant droit par ladite confiscation ; soutenant par ledit Seigneur premier Président, au contraire, que lesdits Seigneurs ne pouvoient rien prétendre en ladite confiscation, que le Roi, dont il avoit le droit, ne fût payé auparavant de la somme de trois cents cinquante mille livres, à laquelle se trouvent monter les restitutions dont ledit de Fargues est tenu, suivant ledit Jugement du Présidial d'Abbeville, & Arrêt du Conseil du 27 Mars 1665, 28 Mai & 14 Juin 1666, & de la somme de cent cinquante mille livres de taxe ordonnée par la Chambre de Justice, lesquelles sommes absorboient pareillement tous les biens, dont la confiscation étoit acquise au Seigneur premier Président, à cause de sa Justice de Baville & de la Châtellenie de Mont-Lhéry dont il jouit, si le Roi n'avoit eu la bonté de le subroger en ses droits par ses Lettres-patentes du mois de Juillet 1667, vérifiées, tant au Parlement, qu'en la Chambre des Comptes, Bureau de France, Chambre du Trésor, & qu'ainsi il n'y avoit pas matiere de contestation entre les Parties; & d'ailleurs que ledit Sieur de Fontenay ne pouvoit prétendre aucune confiscation sur ledit fief de Sainte Catherine, qui a droit de haute, moyenne & basse-justice, & dont ledit Sieur de Fontenay n'a que la mouvance, laquelle n'emporte aucune confiscation: & pour se régler par lesdi-

nécessaire.

les Parties sur les contestations, elles se seroient volontairement soumises au jugement de noble homme Barthelemy Auzanet de Montholon, & Claude Robert, ancien Avocat au Parlement, par l'avis desquels, pour éviter tout débat, elles ont transigé de la maniere qui en suit; c'est à savoir, que lesdits Sieurs de Fontenay, de Soucy & de Saint-Maurice se sont désistés, & par ces présentes se désistent de tous les droits qu'ils ont, peuvent avoir à prétendre aux choses ci-dessus mentionnées, à cause dudit droit de confiscation, consentent & accordent que la propriété en soit & demeure audit Seigneur de Lamoignon, premier Président, comme subrogé aux droits du Roi, & en fasse & dispose comme il avisera bon être, à la charge néanmoins des droits de mouvance & teneur censuelle & de Justice, que chacun desdits Sieurs de Fontenay, de Soucy & de Saint-Maurice a sur les biens, lesquels droits leur demeurent entiers; & promettant le Seigneur de Lamoignon de leur en rendre les devoirs & reconnoissances ordinaires. Car ainsi est accordé entre les Parties, promettant, obligeant chacun en droit soi, renonçant. Fait & passé à Paris, ès maison des Parties, & pour les Sieurs Avocats, en la Salle du Palais, le vingt-troisieme jour de Janvier, avant midi, l'an mil six cent soixante-huit; & ont les Parties & lesdits Sieurs Avocats, signé la présente minute. Signé DE LAMOIGNON, DE FITTE, DE BULLION, PECQUOT, AUZANET, DE MONTHOLON, ROBERT; avec DESPRIÉE & GALLOIS, Notaires, avec paraphe.

Scellé lesd. jour & an. ℞. ix sols.

,, L'an mil sept cent quatre-vingt-
,, un, le six Mars, collation des présen-
,, tes a été faite par les Notaires à
,, Paris, soussignés, sur leur minute,
,, étant en la possession de M^e. Jour-
,, dain, l'un desdits Notaires, comme
,, successeur aux office & pratique de
,, M^e. Toupet, qui l'étoit de M^e. Cail-
,, let, successeur dudit M^e. Gallois ".
Rayé huit mots comme nuls.

BIVREN, JOURDAIN.

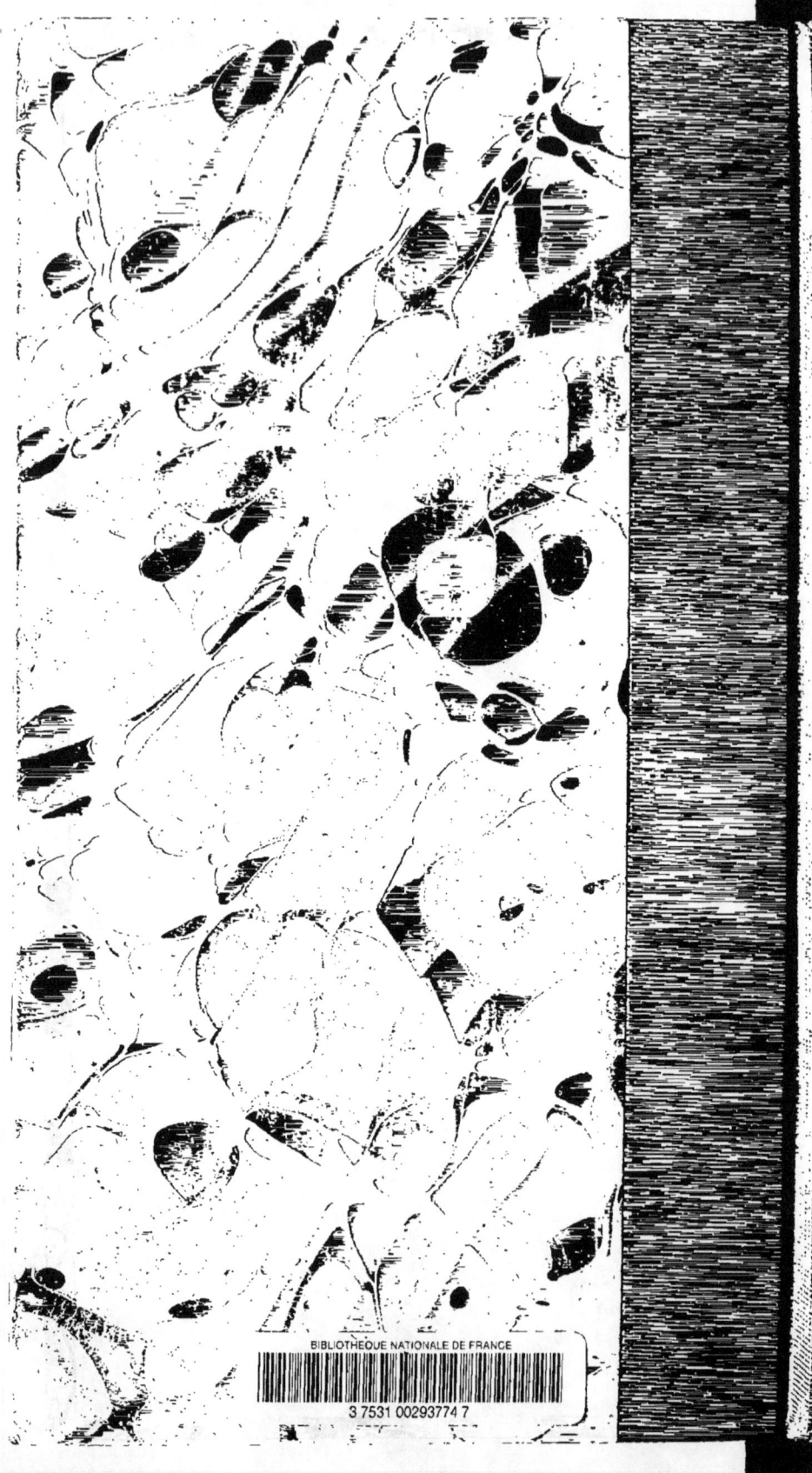

www.ingramcontent.com/pod-product-compliance
Lightning Source LLC
Chambersburg PA
CBHW060056190426
43202CB00030B/1774